AF442877

Breve historia del psicoanálisis

150.195   Florenzano Urzúa, Ramón.
F633b2   Breve historia del psicoanálisis / Ramón Florenzano U.
         2°ed. Revisada y ampliada. Santiago de Chile.
         Universitaria, 2008.
         2648p.; 11,5 x 18,2 cms.
         Referencias bibliográficas: p. 257-262.

         ISBN Impreso 978-956-11-2017-4
         ISBN Digital 978-956-11-2763-0

         1. PSICOANÁLISIS - HISTORIA. I. t.

Texto compuesto en tipografía *Palatino 10/13*

Se terminó de imprimir esta
SEGUNDA EDICIÓN
en los talleres de Salesianos Impresores S.A.,
General Gana 1486, Santiago de Chile,
en mayo de 2011.

DISEÑO DE PORTADA Y DIAGRAMACIÓN
Yenny Isla Rodríguez

www.universitaria.cl

Ramón Florenzano U.

Breve historia del psicoanálisis

Segunda edición revisada y ampliada

EDITORIAL UNIVERSITARIA

ÍNDICE

PREFACIO

El libro que ha compuesto el profesor Ramón Florenzano puede ser catalogado de libro de enseñanza. El autor ha privilegiado especialmente el aspecto docente, no la crítica ni el argumento. No la especulación infundada. Menos aún la controversia.

Es particularmente apropiado que un libro como éste se escriba en Chile y esté dirigido a lectores chilenos e hispanoamericanos. Pues hablando de un tema universal, y reconstruyendo, como propone, la saga del psicoanálisis en sus conceptos, sus anécdotas y sus historias, no hay página en que no se intuya la perspectiva que adopta el autor. Y ésta, fiel a sus orígenes, es perspectiva latinoamericana.

Por esta fidelidad a sus orígenes, el trabajo de Florenzano puede ser tildado de original.

Apto para la enseñanza, imagino este libro en manos del estudiante. Mas no de cualquier estudiante, sino de aquel que desea incorporarse activamente a la reflexión sobre fundamentos de su disciplina. Como no hay mejor modo de abordar tales fundamentos que el histórico, no es de extrañar que el autor lo haya escogido.

Como se trata de una historia que en rasgos generales es patrimonio de toda persona culta, los méritos expositivos del autor pueden ser fácilmente apreciados. Consisten tales méritos en la proximidad al lector, en la intención didáctica y en el fondo de reflexión y experiencia al que implícitamente recurre el autor.

Dr. FERNANDO LOLAS

INTRODUCCIÓN

Transcurridos hoy más de cien años desde la aparición del punto de vista psicoanalítico, y en una centuria que ha visto más cambios en la historia del hombre que muchos de los siglos que la antecedieron, éste se mantiene en "sorprendente buena salud" como lo señalara George Engel en una editorial de la revista de la Asociación Médica Americana. El psicoanálisis hoy se enseña en la mayoría de los centros de entrenamiento de profesionales de la salud mental, y es considerado como una de las técnicas terapéuticas mejor validadas. En el caso chileno, esta enseñanza se ha centrado en las Escuelas de Psicología. Cada vez más personas se interesan en formarse como analistas. La Asociación Psicoanalítica Internacional agrupa hoy más de sesenta asociaciones nacionales en Europa, América y aun en Asia, dedicadas todas ellas al desarrollo del psicoanálisis como disciplina y a la formación de nuevos analistas. ¿Cómo se explica la permanencia del psicoanálisis en estos cien años?

Una primera respuesta es que la aparición de la teoría analítica respondió a una necesidad cultural en su época. Es un lugar común decir hoy que el psicoanálisis pasó a formar parte del modo de pensar de nuestro siglo. Desde que en 1896 Sigmund Freud sentara las bases de esta teoría como un método terapéutico para algunas neurosis, sus puntos de vista han sido aplicados no sólo dentro de la psiquiatría, sino en todas las ciencias sociales, llegando a formar parte del saber cotidiano. Tal como otras corrientes intelectuales que florecieron a lo largo de nuestra época, el psicoanálisis tiene sus raíces en la cosmovisión positivista propia del siglo XX. Sin embargo, su desarrollo ha sido paralelo con su reconocimiento de los desarrollos filosóficos e intelectuales del siglo pasado. Su vigencia a lo largo de nuestra centuria se puede relacionar con la progresiva adaptación de sus puntos de vista a la realidad cambiante del siglo XX. El psicoanálisis de hoy no es el que Freud ideó, y ha demostrado una capacidad importante para absorber nuevos puntos de vista. Vale la pena mencionar el progresivo auge de las perspectivas intersubjetivas y constructivistas.

El propósito de este libro es mostrar –sumariamente– los principales desarrollos del psicoanálisis a lo largo de su historia, con especial foco en los autores posteriores a Freud. Por ello, revisaremos sólo esquemáticamente las principales ideas del creador del psicoanálisis: por una parte, éstas son conocidas, y por otra, las teorías de Freud no constituyen hoy día todo el bagaje de conocimientos de un psicoanalista, ya que han sido generalmente complementadas o modificadas por autores posteriores.

David Rapaport (1) fue un autor que estudió las etapas históricas del pensamiento de Freud, distinguiendo cuatro: una de *desarrollo de una metodología terapéutica*, el método psicoanalítico. Una segunda, de *estudios clínicos*, aplicando dicha metodología. Una tercera, en la cual desarrolló una *metateoría explicativa de sus hallazgo clínicos*, y una cuarta, en la cual extendió esa teoría en una serie de *estudios culturales y sociales*. Para muchos, en la medida que se alejó del objeto propio de su método, los pacientes, las conclusiones de Freud pasaron a ser cada vez más polémicas y discutibles. Revisemos brevemente estas etapas:

1. *Desarrollo de la técnica psicoanalítica.* Para muchos, lo más original del pensamiento freudiano corresponde al período de desarrollo de la técnica analítica. Entre 1895 y 1900 Freud escribió, en colaboración con Breuer, sus *Estudios sobre la histeria* y planteó que ésta se debe a la represión de las emociones. Elaboró su método de investigación –el psicoanálisis– planteando como su regla fundamental la libre asociación y, finalmente, en 1900 publicó su obra maestra: *La interpretación de los sueños.*

2. Contando ya con un método de observación bien definido, el psicoanálisis, pasó Freud a la así denominada *etapa de estudios clínicos* (1900-1918). En esas dos décadas desarrolló un trabajo clínico y literario-científico ininterrumpido: formuló una teoría general de la neurosis, del desarrollo psicosexual del niño, de diferentes mecanismos de defensa y, finalmente, de cuadros clínicos más allá de las neurosis, tales como las depresiones y las esquizofrenias (a los que él llamó desórdenes narcisísticos).

3. Una tercera etapa fue de teorización: en sus *estudios metapsicológicos* (1915-1926), Freud pasó a escribir en un plano más abstracto. Formuló así su teoría dual de los instintos (Eros y Tanatos) y una teoría general de la personalidad centrada en el concepto estructural en que divide la psiquis en tres instancias: Ello, Yo y Super Yo. En 1926 planteó su segunda teoría de la angustia, en la que señaló cómo es ésta cuando aparece en pequeñas cantidades ("angustia-señal"). En su reconceptualización de las neurosis, la angustia pasó a tener el rol central que anteriormente había asignado a la sexualidad y el Yo pasó a tener el papel protagónico que anteriormente otorgó al inconsciente.

4. Una etapa posterior fue la de sus *estudios culturales y sociales* (1928-1940). En el período final de su vida, Freud se dedicó a enfrentar fenómenos culturales y de psiquiatría social. En *Totem y tabú* formuló una teoría del origen de la civilización (en relación al asesinato del padre por la horda primitiva); en *Psicología de grupos y análisis del Yo* lo hizo en relación a los fenómenos de masas y en *Moisés y el monoteísmo* a explicar el origen de las religiones. Se desarrolló así un conjunto amplio de teorías y puntos de vista que abarcaron no sólo la clínica, sino múltiples dominios culturales.

El psicoanálisis forma parte de la *weltanschauung* decimonónica en la que creció y se formó Freud: muchas de sus ideas surgen inmersas en un iluminismo racionalista que el mismo autor vio colapsar a lo largo de su vida, dados los acontecimientos históricos que transformaron la Europa del siglo XX. La cosmovisión imperante en tiempos de Freud estuvo marcada por varios elementos:

- Por su ubicación geográfica (la Austria imperial de Francisco José) y por el medio cultural en el cual floreció (la burguesía culta centroeuropea). La estabilidad del Imperio austro-húngaro hasta 1917 puede haber influido en la atención prestada a los fenómenos intrapsíquicos, que insisten en el cambio individual en una sociedad estable.
- Por su formación médica en Viena y sus investigaciones de laboratorio con dos grandes profesores de su Universidad: Brücke en fisiología y Meynert en psiquiatría. Esta formación dejó en él una actitud de investigación científica y una creencia en el determinismo a ultranza, así como una posición básicamente

biológica, con una permanente esperanza de lograr una mayor congruencia entre la neurofisiología y la psicología. Freud, en sus escritos psicológicos iniciales, trató de aplicar a la psicología los principios de la física clásica. Así por ejemplo, su teoría del principio del placer se basa en la ley de la entropía, así como la del principio de la realidad en la ley de la menor acción. Lo que él denominó punto de vista económico, asimismo se basa en la ley de conservación de la energía.

- Su formación neurológica lo llevó a aplicar en psicoanálisis algunas de las teorías en boga en su época, tales como las de Hughlins Jackson acerca de la organización jerárquica del sistema nervioso, que él aplicó en su concepción de estructuras del aparato psíquico superimpuestas una sobre otra.

- Su formación psiquiátrica de postgrado en Francia con Charcot y Bernheim y su práctica clínica con neuróticos, lo hizo reconocer el poder de las fuerzas psicológicas. La observación de crisis de histeria en la clínica de Charcot y de las curaciones de Bernheim y Breuer lo convencieron del rol de lo psíquico en la conducta humana. También en su "período francés" Freud reconoció la existencia de fenómenos psíquicos no conscientes, los que dedujo de sus observaciones de órdenes posthipnóticas y estados alternantes de conciencia durante sus estadías en los servicios clínicos parisienses de Charcot y Janet. También de su trabajo con el primero de dicho autores y con Breuer llegó al reconocimiento del papel de la sexualidad en la génesis de la neurosis. El ambiente cultural (*Zeitgeist*) de la Viena de fines del siglo XIX y la Europa Victoriana influyó en el papel que le otorgó a la sexualidad como determinante de los conflictos individuales. Posteriormente a la Primera Guerra Mundial y al advenimiento del nazismo en Alemania, Freud pasó a atribuir un papel cada vez mayor a la agresión.

- La observación de sus propios sueños lo llevó al uso de la técnica de la introspección como su aproximación metodológica a lo psíquico, a través de la libre asociación y de la interpretación de los sueños.

- Los puntos de vista darwinianos influyeron en su psicología evolutiva, especialmente en conceptos como el de que la filogénesis sigue a la ontogénesis y en los de epigénesis y regresión.

- La influencia de la literatura romántica (especialmente Goethe) y de las novelas biográficas francesas, en el interés por la naturaleza humana y por la historia biográfica como una herramienta para la comprensión de la persona.

Se ha dicho que Freud y Einstein, a comienzos del siglo XX, continuaron las revoluciones iniciadas por Copérnico y Darwin. Einstein introdujo el concepto de que la observación es relativa a la posición del observador, y Freud mostró una visión del hombre dada desde sus impulsos. Esta visión sobrepasó, a la larga, al racionalismo del siglo XIX. Hoy es claro el impacto del pensamiento psicoanalítico en diversos aspectos de la cultura contemporánea:

- En el plano estricto de la psicología, de la psiquiatría, y más estrictamente en el de las terapias psicológicas, mantienen hoy su relevancia original los principios técnicos de la cura analítica; en una obra anterior (2) hemos revisado la vigencia de las técnicas psicoterapéuticas derivadas del psicoanálisis clásico, sean como psicoterapias individuales breves o prolongadas, sean como psicoterapias grupales o técnicas de terapia familiar.

- En el plano más amplio de la epistemología, el psicoanálisis ha desarrollado una línea de pensamiento que si bien no es estrictamente una filosofía, ha aportado nuevas perspectivas a las preguntas centrales de la teoría del conocimiento. Asimismo, ha influido en el modo de enfrentar cuestiones clásicas de la ontología y la axiología. El psicoanálisis, al ser una teoría acerca de la mente humana, es, quiéralo o no, una antropología. Al considerar sistemáticamente la posición del observador, permite iluminar la influencia de éste en la percepción de lo observado.
- Como un método de investigación acerca de los sucesos mentales, es un procedimiento que permite contestar preguntas acerca de su propia validez y efectividad. El psicoanálisis tiene, como metodología empírica, la posibilidad de cuestionarse a sí mismo. Una de las áreas descuidadas a lo largo del período inicial del desarrollo analítico fue la de la investigación empírica de la validez de sus formulaciones, así como de la efectividad de su impacto curativo. En la última década se ha producido un auge en el tema de la investigación del impacto de las psicoterapias, tanto en otras latitudes como en nuestro país, donde se ha constituido una rama de la Society for Psychotherapy Research, que ha celebrado reuniones internacionales en Mendoza, Buenos Aires y Santiago, produciendo documentos de interés (3).

La evolución del psicoanálisis posterior a Freud ha sido múltiple y compleja, revisando y contestando muchas de las críticas que hoy podemos retrospectivamente formular a Freud. Esta evolución se ha dado en diversos sentidos:

- Algunos autores han profundizado en la teorización acerca de las características, del inconsciente, desarrollándose así las llamadas "psicologías de las profundidades". Uno de los primeros disidentes del movimiento analítico, Carl Jung, buscó los comunes denominadores grupales del inconsciente (colectivo), mientras que otros, como Melanie Klein, se dedicaron al estudio de las características del inconsciente así llamado "primitivo", sea infantil, sea de quienes presentan cuadros psiquiátricos severos. Surgen allí mecanismos defensivos menos evolucionados que transparentan mejor las características del inconsciente.
- Otros autores se han focalizado en la interfase entre la psicología individual y la sociedad y la cultura. Surgen así las psicologías sociales de Adler, primero, y de Erikson, después. El primero, otro disidente inicial, rompe con Freud al darle mayor importancia a las motivaciones de poder y a la ambición que a las pulsiones sexuales y agresivas. Erikson, manteniéndose dentro de la teoría freudiana, estudia cómo en las diversas culturas y a lo largo del ciclo vital la sociedad y el individuo interactúan, conformándose así estructuras psíquicas propias de cada etapa histórica y de cada sociedad.
- Otros autores ampliaron la visión freudiana en el sentido del desarrollo del individuo a lo largo del ciclo vital. Surgen así las psicologías evolutivas de Anna Freud, primero, y dentro de sus seguidores en la psi-

cología del Yo, de Margaret Mahler. Es posible así trazar un plano mucho más detallado de las vicisitudes del desarrollo individual, sea normal, sea patológico.

- En el plano del quehacer terapéutico, tal como lo mencionáramos, las modificaciones técnicas realizadas sobre todo por los psicólogos del Yo y por los teóricos de las relaciones de objeto han posibilitado el realizar terapias más focalizadas, más breves y por lo tanto más eficientes que la cura analítica clásica.

Este texto pretende revisar sumariamente los desarrollos anteriores, comenzando por una apretada exposición de las principales ideas formuladas por el mismo Freud, para luego señalar las diversas modificaciones que se han introducido al pensamiento analítico a lo largo de los años. Esta obra es necesariamente un compendio con fines didácticos, y por ello, no debe considerarse un tratado como son los de Bleichmar (4), Etchegoyen (5) o Thomä y Kaechele (6). Aquellos interesados en saber más sobre los principales desarrollos postfreudianos, o bien, acerca de la técnica psicoanalítica propiamente tal, pueden consultar esas referencias. Una adición importante a la literatura ha sido la de Quinodoz (7), que permite leer sistemáticamente la obra freudiana.

CAPÍTULO 1
El comienzo de la historia.
Sigmund Freud y su obra

El pensamiento de Sigmund Freud ha tenido una fuerte influencia en la cultura contemporánea. La teoría psicoanalítica, además de ser una hipótesis acerca de la psiquis humana y una forma de terapia para aliviar ciertos desórdenes emocionales, se ha constituido en una óptica para la interpretación de la cultura y la sociedad. Por lo mismo, la obra de Freud ha sido repetidamente criticada y descalificada. Independientemente de lo que se piense acerca de Freud, hoy no se puede desconocer que sus ideas han influido en forma importante a lo largo de nuestra centuria, incluso en campos distantes a los de la psiquiatría y a la psicología. Philip Rieff (8) afirma que en el siglo XX la imagen del "hombre psicológico" reemplazó a la del hombre político, religioso, o económico. Este cambio se debe en buena medida al poder de la visión freudiana. Si bien el propósito central de este libro es el actualizar el pensamiento psicoanalítico refiriéndonos a los desarrollos posteriores a Freud, es inevitable que lo comencemos refiriéndonos a la vida y obra del fundador del psicoanálisis. Para ello, resumiremos algunos aspectos relevantes de la biografía de Freud, y mostraremos su ligazón con sus principales textos teóricos.

I. Vida temprana

Sigmund Freud nació el 6 de mayo de 1856, en una pequeña villa de Moravia llamada entonces Freiberg. Ésta es hoy Pribor, en la República Checa. Esos territorios formaban entonces parte del Imperio austro-húngaro. Su padre, Jakob Freud, fue un mercader de lana, viudo y casado por tercera vez con la madre de Freud, Amalie Nathansohn. Jakob tenía 40 años de diferencia con Freud, mientras que su madre, más joven, fue emocionalmente mucho más cercana a él que su padre, descrito como una figura remota. Freud tuvo dos medios hermanos mayores, pero su mayor cercanía emocional parece haberse dirigido también hacia su sobrino Iván, un año mayor que él. Éste fue un modelo de amigo íntimo y a la vez rival odiado, modelo que Freud reprodujo frecuentemente en etapas posteriores de su vida, en sus amistades con el médico berlinés Wilhelm Fliess, o con sus discípulos Carl Jung o Sandor Ferenczi. La familia Freud tuvo que trasladarse, por razones al parecer económicas, primero a Leipzig y luego a Viena, donde Freud permaneció por 78 años hasta que se produjo la anexión nazi de Austria. Este cambio de hábitat, desde una provincia alejada a la capital del imperio, fue central para el futuro desarrollo teórico freudiano.

El psicoanálisis refleja en forma importante el contexto político y cultural vienés. Es posible que la especial sensibilidad de Freud a la autoridad paterna dentro de la psiquis bien haya sido fomentada por la experiencia de tener un padre mucho mayor que él, y por la declinación del poder que experimentó el liberalismo racional de la generación de sus padres, en las etapas postreras del Imperio Habsburgo. Otros autores han señalado cómo su interés en el tema de la seducción de las hijas se arraiga de un modo complejo en el marco de las actitudes vienesas hacia la sexualidad femenina. La relación entre descalificación de la mujer, antisemitismo y actitudes racistas ha sido recientemente revisada por Gilman (9).

En 1873 Freud terminó sus estudios secundarios, graduándose del entonces llamado Gymnasium; aparentemente inspirado por la lectura de un ensayo de Goethe sobre la naturaleza, decidió seguir la profesión médica. Estudiando medicina en la Universidad de Viena trabajó con uno de los principales fisiólogos de su época, Ernst von Brücke, clásico exponente de la ciencia materialista y antivitalista de ese entonces. En 1882 Freud ingresó como asistente clínico al Hospital General de Viena entrenándose allí con el psiquiatra Theodor Meynert y con el afamado profesor de medicina interna Hermann Nothnagel. En 1885 fue nombrado conferencista en neuropatología, y desarrolló importantes investigaciones sobre la estructura de la médula espinal. En ese período también surgió su interés por los usos farmacológicos de la cocaína, tema que investigó por varios años. Aunque se le encontraron a la coca algunos resultados beneficiosos como anestésico ocular, cuyo descubrimiento se le ha atribuido a un amigo cercano de Freud, Karl Köller, el resultado general de estos estudios fue desastroso. La recomendación que Freud le hizo, de usar cocaína, llevó a la adicción mortal a otro amigo cercano, Ernst Fleischl van Marxow, y también empañó su reputación en los círculos médicos de su tiempo, que cuestionaron su prudencia. Por otra parte, se ha dicho que en ese "episodio de la cocaína" ya demostró su tendencia a buscar soluciones audaces para aliviar el sufrimiento humano. Freud, entonces, no sólo fue un investigador científicamente bien entrenado, sino alguien que siempre estuvo convencido de la importancia cardinal de su trabajo, y de la originalidad de sus propias concepciones. En sus escritos iniciales, tales como el *Proyecto para una psicología científica* (escrito en 1895, pero publicado en 1950), intentó encontrar una base materialista y fisiológica para sus teorías de la psiquis. En esa obra compiten un modelo mecanicista y neurofisiológico con una visión más organísmica y filogenética. Para muchos, ese "proyecto" es un resumen embrionario de la mayoría de los desarrollos teóricos posteriores de Freud. En nuestro medio, León Cohen (10) ha estudiado cómo en esos escritos tempranos se encuentran *in statu nascendi* muchas de las concepciones freudianas posteriores. Otros lo consideran un intento, que el mismo Freud calificó después de fallido, de explicar sus observaciones clínicas con las teorías científicas de su época.

Al final de 1885, Freud dejó Viena por un tiempo para continuar sus estudios de neuropatología en el Hospital de la Salpêtrière en París, donde trabajó bajo la guía de Jean Martin Charcot, quizá el psiquiatra francés más representativo de ese entonces. Las cortas diecinueve semanas en la capital francesa fueron el punto de giro decisivo en su carrera: Charcot, a quien desde entonces reconoció como su maestro, se interesaba en ese momento en el estudio de las pacientes diagnosticadas como histéricas. Al ver esos casos, Freud reconoció la posibilidad de que los desórdenes psicológicos pudieran tener su fuente en la mente más bien que en el cerebro. La demostración por Charcot de la existencia de un nexo entre los síntomas histéricos, tales como la parálisis de una extremidad, y la sugestión hipnótica, implicaba reconocer el poder de los estados mentales, más que el de los nervios, en la etiología de la enfermedad. Así, Freud volvió a Viena en febrero de 1886 con la idea básica de lo que luego se transformaría en una revolucionaria técnica psicológica: el psicoanálisis. A poco de regresar se casó con Martha Bernays, hija de una destacada familia judía cuyos ancestros incluían al rabino de Hamburgo y a Heinrich Heine. Con Martha tuvo seis hijos, uno de los cuales, Anna, también llegó posteriormente a ser una importante psicoanalista. Martha fue una presencia de honda importancia durante la larga carrera profesional de su marido.

Otra influencia de gran trascendencia sobre Freud fue la del clínico e investigador Josef Breuer. Después de su retorno a Viena desde París, Freud volvió a una práctica clínica en neuropsicología, abriendo un consultorio en Bergasse 19, donde atendió por casi medio siglo. Ya en 1880 Breuer había tratado a la paciente llamada Bertha Pappenheim –o "Ana O.,"– quien sufría de una variedad de síntomas histéricos. Breuer hizo entrar a esta paciente en un estado de autohipnosis, en el cual ella habló de las manifestaciones iniciales de sus síntomas. Para sorpresa de Breuer, el mismo acto de verbalización pareció proporcionarle alivio. La "cura parlante", o "limpieza de chimenea" como Breuer y Ana O., respectivamente, llamaron a lo que sucedió, pareció actuar catárticamente, produciendo una abreacción o descarga del bloqueo emocional reprimido, lo cual fue interpretado como la raíz del comportamiento patológico.

II. El nacimiento de la teoría psicoanalítica

A partir de su experiencia francesa y de las observaciones iniciales de Breuer, Freud desarrolló una novel técnica para explorar la mente humana, el psicoanálisis. Este revolucionario método fue enunciado en un trabajo que Freud publicó conjuntamente con Breuer en 1895: *Estudios sobre la histeria*. Al alentar al paciente para que expresara cualquier pensamiento que se le viniera a la cabeza, se descubrió la técnica de la asociación libre. Ésta apunta a descubrir material todavía no articulado desde aquel reino de la psiquis que Freud, siguiendo una tradición ya antigua, llamó el inconsciente. Dada la incompatibilidad de los pensamientos conscientes con otros inconscientes, este último material normalmente se reprime: se oculta o no es accesible a la conciencia. Al constatar las dificultades en asociar libremente, ejemplificadas por silencios súbitos, tartamudeos o equivocaciones al hablar *lapsus linguae*, Freud dedujo la importancia del material que pugnaba para ser expresado, así como también de lo que él llamó *defensas* del paciente contra esa expresión. Estos bloqueos, a los que Freud denominó *resistencia*, tienen que ser alterados por la cura analítica con el fin de llegar a conocer los conflictos ocultos del paciente. Freud concluyó inicialmente, a partir de su experiencia clínica con pacientes histéricas, que la principal fuente del material resistido era de naturaleza sexual, vinculando así la etiología de los síntomas neuróticos a la pugna entre un impulso o sentimiento sexual y las defensas psíquicas que se erigían para no traer ese conflicto a la conciencia. La asociación libre, razonó Freud, era el paso crucial para posibilitar este acceso, aliviándose así el síntoma, entendido como una formación inconsciente de compromiso entre el deseo y la defensa. Al comienzo, sin embargo, Freud no estaba aún cierto sobre la condición precisa de este componente sexual en su concepción dinámica de la psiquis. Sus pacientes parecían recordar experiencias reales de seducciones tempranas, frecuentemente de naturaleza incestuosa. Su actitud inicial fue la de aceptar éstos como hechos reales. Posteriormente, como lo describe en una ahora famosa carta a Fliess del 2 de septiembre de 1897, Freud concluyó que, más que recuerdos de sucesos reales, estas memorias eran residuos de deseos e impulsos infantiles de ser seducido por un adulto. Lo que se recordaba no era un recuerdo genuino, sino más bien una fantasía o memoria encubridora *(pantalla)* que ocultaba un deseo primitivo. De este modo, Freud pasó a enfatizar, más que el trauma real y el abuso sexual infantil en la etiología de las neurosis, a las fantasías y anhelos del niño como la raíz real del conflicto posterior. Para el inconsciente, es indiferente que los estímulos surjan desde las profundidades del inconsciente o desde la realidad exterior, hacia la cual Freud entró en una actitud de progresiva desconfianza. Este giro conceptual inauguró el progresivo foco en los contenidos del "mundo interno" del individuo, abriendo un amplio programa de exploración de un espacio conceptual nuevo.

Este cambio de punto de vista fue crucial en el desarrollo ulterior del psicoanálisis. La sexualidad atribuida a los niños, y el énfasis puesto en el poder causal de sus fantasías y deseos reprimidos, hizo que Freud le diera al conflicto edípico un papel central en el desarrollo psíquico. Ésta fue la línea de trabajo que siguió después que dejó de publicar con Breuer. Sus investigaciones sobre las histerias se habían enfocado en la sexualidad femenina y su potencialidad para expresarse neuróticamente. Al considerar al conflicto edípico como algo totalmente universal, el psicoanálisis –término que Freud acuñó en 1896– podía también examinar la psiquis masculina en condiciones de normalidad. Dejó así de ser sólo una técnica psicoterapéutica y pasó a ser una teoría completa de la mente. Para cumplir este fin, Freud generalizó a partir de su propia experiencia. Recordemos que era el primer hijo del tercer matrimonio de su padre, ya añoso, con su madre, joven y muy dedicada a la crianza de su hijo varón, a quien llamaba su "*golden* Sigi". Su autoanálisis fue el primer psicoanálisis, aunque la gran mayoría de los analistas formados posteriormente fueron analizados con un tratamiento didáctico proporcionado por un analista entrenado.

Esta exploración de su propia personalidad fue aparentemente gatillada por una crisis vital. En octubre de 1896 murió su padre, a los 81 años de edad. Se liberaron así dentro de Freud emociones largamente reprimidas, ligadas a sentimientos y experiencias familiares tempranas. Desde julio de 1897, Freud trató de entender el significado de estas emociones usando una técnica disponible desde hacía milenios: descifrando sus propios sueños. Se autoaplicó esta antigua tradición, insistiendo en que ésta constituía "el camino real al conocimiento del inconsciente". De este modo, el trabajo con su duelo por la pérdida de su padre llevó a Freud a escribir su obra maestra: *La interpretación de los sueños* (publicada en 1899, pero con la fecha de 1900 para enfatizar el hecho de que marcaba una época nueva en el estudio de la psiquis). A través de una detallada explicación acerca de cómo se originaban y cuál era la función de los sueños, Freud presentó en este libro sus hallazgos, mezclando evidencia tomada de sus propios sueños con la que le proporcionaban sus casos clínicos. Para él, los sueños juegan un papel central en la economía psíquica. La energía mental, que denominó *libido* y que identificó principal, pero no exclusivamente, con el deseo sexual, es una fuerza fluida y maleable capaz de ser acumulada. Cuando esto sucede, la necesidad de eliminar esta energía para asegurar el placer y prevenir el dolor busca cualquier salida. Si se niega la gratificación sexual alcanzada a través de la acción motora directa, la energía libidinal puede ser descargada mediante canales mentales: un deseo puede ser satisfecho imaginariamente "satisfacción alucinatoria del deseo". Todos los sueños, y especialmente las pesadillas en las que se manifiesta evidentemente una inquietud motora, afirmó Freud, son un cumplimiento de deseos. Por otra parte, los síntomas neuróticos son los efectos de un compromiso en la psiquis entre deseos y prohibiciones: entre la expresión del conflicto, y la interdicción de su realización. Aunque el sueño puede relajar el poder de la censura diurna de los deseos prohibidos, esa misma censura persiste sólo parcialmente durante la noche. Los sueños, por lo tanto, tienen que ser decodificados para ser entendidos, y no ser interpretados literalmente, porque en ellos se expresan deseos prohibidos que se muestran en forma distorsionada. Además, los mismos sueños experimentan enmiendas adicionales al ser contados al analista. *La interpretación de los sueños* proveyó así de una hermenéutica para el desenmascaramiento del "disfraz del sueño", como lo llamara Freud. El contenido manifiesto del sueño, que se recuerda y es informado, debe entenderse como encubriendo un significado latente. Por lo anterior, los sueños desafían las conexiones lógicas y la coherencia narrativa, pues en ellos se entremezclan los residuos de la experiencia diaria inmediata con deseos más profundos, frecuentemente provenientes de la infancia. En el psicoanálisis los sueños pueden ser decodificados conociendo las cuatro actividades básicas del trabajo del sueño. La primera de estas actividades, la *condensación*, opera mediante la fusión de varios elementos diferentes en uno. Como tal, ejemplifica una de las operaciones claves de la vida psíquica que Freud llamara *sobredeterminación*. No se puede presumir ninguna correspondencia directa entre un contenido manifiesto simple y su contraparte latente, que es multidimensional. La segunda actividad del trabajo del sueño, el *desplazamiento*, se refiere a la desfocalización de los pensamientos del sueño, para que el deseo más urgente sea presentado oblicua o marginalmente en el contenido manifiesto. El desplazamiento también significa la sustitución de un significante por otro: por ejemplo, el rey representa al padre. La tercera actividad fue denominada por

Freud la *representación*, que significa la transformación de pensamientos en imágenes. La decodificación de un sueño traduciendo dichas representaciones visuales en términos lingüísticos se puede hacer intersubjetivamente en el análisis mediante el uso de la asociación libre. La actividad final del trabajo del sueño es la *enmienda secundaria*, que provee algún orden y hace inteligible el sueño para complementar su contenido con la coherencia narrativa. El proceso de la interpretación del sueño revierte de este modo la dirección del trabajo del sueño, moviéndose desde el nivel consciente desde el cual se cuenta el sueño, a través del preconsciente para sobrepasar la censura que separa a éste del inconsciente mismo.

En 1904 Freud publica *La psicopatología de la vida cotidiana*, en la que se exploran hechos aparentemente banales, tales como errores insignificantes de la lengua o pluma (desde entonces denominados *lapsus* freudianos), así como errores al leer en voz alta, u olvidos de nombres. Freud comprende que estos errores tienen importancia y son tan interpretables como los síntomas. A diferencia de los sueños, no necesitan representar recuerdos reprimidos infantiles, sino que pueden provenir de situaciones más cercanas, tales como molestia con un enemigo, celos o deseos egoístas en el presente. En 1905 Freud extiende el alcance de este análisis en *El chiste y su relación al inconsciente*. Al invocar la idea de "trabajo del chiste", como un proceso comparable al trabajo del sueño, reconoce también la doble calidad de los chistes, que muestran al mismo tiempo ingenio consciente y dan a conocer situaciones inconscientes. Algunos juegos de palabras, aparentemente inocentes, pueden así abrirse a interpretaciones de significados sexuales o agresivos. La respuesta de risa explosiva, frecuentemente producida por los buenos chistes, planteó Freud, debe su poder al alivio orgásmico de impulsos agresivos o sexuales. Pero en lo que respecta a los chistes, creyó que ellos aprovechan más la dimensión racional de la psiquis, utilizando activamente al Yo en detrimento del Ello.

En 1905 Freud publica el trabajo que le da fama de ser el campeón de una visión pansexualista de la mente: *Tres contribuciones a una teoría sexual*, obra que fue enmendada y expandida en ediciones subsiguientes. Esta obra estableció a Freud, conjuntamente con Richard von Kraft-Ebbing y Havelock Ellis, como uno de los pioneros en el estudio serio de la sexología. Allí detalló sus razones para enfatizar el componente sexual en el desarrollo de los comportamientos patológicos y normales. Aunque Freud no fue tan reduccionista como popularmente se ha creído, es claro que amplió el concepto de la sexualidad más allá del uso convencional, para incluir una gama de impulsos eróticos desde los años más tempranos. Al distinguir entre el *fin sexual* (el acto hacia el cual el instinto se orienta), y los *objetos sexuales* (la persona, el órgano, o la entidad física que produce la atracción), elaboró un repertorio clasificatorio de los diversos comportamientos sexuales y sus orígenes. Estos impulsos, concluyó Freud, surgen muy temprano en la vida, son imperiosamente insistentes en su expresión, y fácilmente se abren a distorsiones evolutivas, constituyendo un importante móvil de la conducta humana.

Al estudiar detenidamente la formación del deseo sexual, Freud describió el progresivo reemplazo de las diferentes zonas erógenas en el cuerpo entre sí. Originalmente polimorfa, la sexualidad primera busca la gratificación de la mucosa oral mamando del pecho materno, objeto primario que posteriormente es sustituido por otros. El bebé es inicialmente incapaz de distinguir entre la persona de la madre y su pecho, para luego lentamente pasar a ser capaz de apreciar a ésta como el primer objeto de amor externo. Posteriormente, Freud plantearía que aún antes el niño puede tratar a su propio cuerpo como a tal objeto, saliendo desde un autoerotismo indiferenciado y llegando hasta el amor por las personas. Después de la fase oral, durante el segundo año de vida, el foco erótico se desplaza al ano, estimulado por el entrenamiento esfinteriano. Durante la fase anal, el placer del niño en la defecación se enfrenta con las demandas externas por aprender a controlarse.

La tercera fase, desde el cuarto al sexto año de vida, fue denominada por Freud etapa fálica. Dado que él siempre usó la sexualidad masculina como la norma evolutiva, su análisis de esta fase ha despertado considerable oposición, especialmente por su afirmación de que el principal temor en ella era a la castración. Para entender mejor lo que Freud postuló, debemos recordar que la muerte de su padre fue el trauma que le permitió ahondar en su propia psiquis. No solamente experimentó en ese momento congoja, sino también desilusión, resentimiento y clara hostilidad hacia su padre, como lo reveló en los sueños que en su momento analizó. En el proceso de abandonar la teoría de la seducción, reconoció que la fuente de su enfado con el padre estaba en su propia psiquis más que en cualquier hecho objetivo realizado por éste. Usando, como lo hizo frecuentemente, textos literarios o míticos para sus visiones psicológicas, Freud interpretó este hecho desde la tragedia de Sófocles, *Edipo Rey*. La pertinencia universal del argumento de ésta, conjeturó, se basa en las ganas de todo niño varón de dormir con su madre y de eliminar el obstáculo a la realización de este deseo, o sea, el padre. Este deseo, agregó, añade temor a la respuesta imaginaria de parte del padre: la amenaza de castración. La etapa fálica puede ser enfrentada exitosamente dependiendo de cómo se resuelva el complejo de Edipo. Según Freud, esta resolución puede ocurrir si el muchacho finalmente suprime su deseo por la madre, entra en el período denominado de latencia, e internaliza la prohibición paterna, elaborada internamente con la construcción de lo que Freud denominó Super Yo o conciencia.

El enfoque falocéntrico de esta teoría fue complementado por otra suposición, la de la envidia del pene en la mujer, otra de las hipótesis freudianas más discutibles. Muchas analistas mujeres han prestado más atención a las relaciones de la niña con su madre que a las vicisitudes del complejo de Edipo. Los desafíos desde la antropología a la universalidad de éste también han sido importantes, aunque ha sido posible redescribirlo en términos que relativizan las dinámicas familiares propias de la burguesía centroeuropea, que eran en las que Freud se basó. Si la creación de la cultura es entendida como la institución de estructuras de parentesco basadas en la exogamia, entonces el drama de Edipo refleja una profunda pugna entre el deseo natural y la autoridad cultural.

Freud, sin embargo, mantuvo siempre su convicción acerca de la importancia intrapsíquica del complejo de Edipo, cuya resolución exitosa era para él la precondición para la transición desde la latencia a la sexualidad madura que denominó fase genital. En este momento, el padre del sexo opuesto es finalmente abandonado en favor de un amor por un objeto más conveniente, capaz de responder a los sentimientos de la persona, en una relación recíproca. En el caso de la niña, su desilusión por la falta de un pene es trascendida por el rechazo a la madre en favor de un objeto masculino. En ambos casos se llega a un comportamiento heterosexual, centrado en la reproducción genital. El desarrollo sexual, sin embargo, por su misma complejidad, puede producir desequilibrios, los que surgen en aquellas personas que no sortean exitosamente las anteriores etapas. La fijación de los fines sexuales a momentos particulares del desarrollo puede ser ocasionada por traumas reales o por bloqueos del desarrollo de los impulsos libidinales. Esta detención produce fijaciones en determinadas edades, y puede posteriormente traducirse en lo que Freud denominara perversión. Si alguna parte de la psiquis prohíbe la expresión manifiesta del conflicto, dice Freud, el impulso censurado y reprimido produce síntomas neuróticos. Surge así su afirmación de que *las neurosis son una variedad negativa de las perversiones*. Los neuróticos repiten el acto deseado, pero en una forma reprimida, sin la memoria consciente de su origen o la capacidad de enfrentarlo y elaborarlo directamente en el presente. Esto es claro en el caso específico de la histeria, con su conversión de conflictos emocionales en síntomas corporales. Freud desarrolló luego diversas explicaciones etiológicas para otros comportamientos psicopatológicos, tales como los actos obsesivos, la paranoia y el narcisismo. Denominó a estos cuadros *psiconeurosis*, dada su raíz en conflictos infantiles tempranos, a diferencia de las por él llamadas *neurosis reales*, tales como la hipocondría, la neurastenia y la neurosis de angustia, que se deberían a problemas del presente, tales como la supresión física de las descargas sexuales en el último de los ejemplos dados.

Durante los años que siguieron, Freud se centró en la elaboración de su técnica terapéutica, focalizando más las implicaciones de un elemento específico en la relación entre el paciente y analista, cuya importancia él reconoció ya al reflexionar sobre el trabajo de Breuer con Ana O. Freud da cuenta del episodio de la siguiente manera: se produjo una intensa relación entre paciente y médico, relación que tomó un curso alarmante cuando Ana O., divulgó sus fuertes deseos sexuales hacia el último. Breuer, que reconoció en sí mismo el germen de sentimientos recíprocos hacia ella, suspendió el tratamiento, preocupado por la implicancia de estos deseos. Freud vio, más que una simple atracción de una paciente por su médico, los efectos de un fenómeno más general, al cual denominó *transferencia* (o en el caso del deseo del analista hacia la paciente, *contratransferencia*). La transferencia es producida por la proyección de sentimientos y asimismo la re-encarnación de impulsos infantiles, que son investidos sobre un objeto nuevo, el analista. Como tal, es la herramienta esencial en la cura analítica, ya que trae a la superficie emociones reprimidas y les permite ser analizadas en una situación clínica. Esto permite que problemas del pasado sean trabajados en el presente. O sea, el recuerdo emocional puede ser el antídoto de la repetición neurótica. Para facilitar la transferencia fue que Freud desarrolló su técnica de colocar al paciente en un diván, sin mirar directamente al analista, dándole libertad para fantasear con la menor intromisión posible de la personalidad verdadera del analista. Vedado y neutro, éste funciona como una pantalla para la proyección de emociones tempranas, sean eróticas, sean agresivas. La transferencia hacia el analista es por lo tanto una especie de neurosis, pero al servicio de un objetivo terapéutico, ya que se pueden elaborar los sentimientos conflictivos que surgen. Sólo algunas enfermedades, sin embargo, pueden ser enfrentadas mediante este tratamiento, el cual requiere del paciente la capacidad de redireccionar su energía libidinal hacia fuera. Las psicosis, concluyó Freud, se caracterizan por dirigir la libido hacia el Yo del paciente, y no poder por lo tanto ser aliviadas a través de la transferencia en la situación analítica.

Por una parte, muchas de las teorías freudianas ofendieron a la Viena de su época, pero por otra, rápidamente comenzaron a atraer a un grupo cosmopolita de partidarios. El "Círculo Psicológico de los Miércoles" empezó a reunirse en 1902 en la sala de espera de Freud con varios personajes que posteriormente fueron centrales en la historia del psicoanálisis. Entre ellos se encontraban Alfred Adler y Wilhelm Stekel, y frecuentemente se agregaron invitados tales como Sandor Ferenczi, Carl Gustav Jung, Otto Rank, Ernest Jones, Max Eitingon, y A.A. Brill. En 1908 el grupo pasó a llamarse la Sociedad Psicoanalítica de Viena, y pronto desarrolló su primer congreso internacional en Salzburgo. En el mismo año se abrió la primera sociedad filial en Berlín. En 1909 Freud, en conjunto con Jung y Ferenczi, hizo un histórico viaje a los Estados Unidos, a la Universidad Clark en Worcester. Las conferencias que allí dieron se publicaron luego como –*El origen y desarrollo del psicoanálisis*– (1910). Éstas fueron las primeras de varias introducciones al tema que Freud dirigía a un público general. Conjuntamente, escribió y publicó una serie de estudios de casos, el más famoso conocido como *Dora* (1905), seguido luego por el de *Juanito* (1909), *El hombre de las ratas* (1909), *El psicopático Dr. Schreber* (1911), y *El hombre de los lobos* (1918). Estos trabajos lo hicieron cada vez más conocido para el público culto de su época.

La compleja historia de la institucionalización del movimiento analítico ha servido para cuestionar al psicoanálisis desde ciertos ámbitos. Lo mismo ha sucedido con la tendencia de sus fundadores de extrapolar sus hallazgos clínicos hacia una teoría general más amplia. El mismo Freud admitió, en 1900: "Yo no soy realmente un hombre de ciencia... Soy nada menos que un conquistador y un aventurero por temperamento". Los críticos han acentuado su necesidad de reconocimiento y fama, que lo llevó a plantear hipótesis que desafiaban el *statu quo* predominante en la conservadora y católica Viena de los Habsburgo. En esto, compartió mucho de la cosmovisión del *Círculo de Viena* filosófico, con autores como Ludwing Wittgenstein y, de paso, Popper (11).

Freud desarrolló a continuación su metapsicología, la cual llegó a ser una base amplia para formular especulaciones sobre temas culturales, sociales, fenómenos antropológicos, religiosos y artísticos. Redactada durante la Primera Guerra Mundial y enmendada posteriormente, la metapsicología fue formulada en doce trabajos y resumida en dos libros: *Más allá del principio de placer* (1920) y *El Yo y el Ello* (1923). En estos trabajos Freud intentó aclarar la relación entre la temprana división topográfica de la psiquis en *inconsciente, preconsciente,* y *consciente,* ampliándola con su categorización estructural subsiguiente en *Ello, Yo y Super Yo.* El Ello fue definido como el origen de los impulsos más primitivos que buscan su gratificación infantil, dominados por la búsqueda de placer para el alivio de la tensión y la liberación de energía. Sin obedecer a las leyes de la lógica, indiferente a las demandas de la conveniencia externa, y sin ser afectado por las resistencias de la realidad externa, el Ello es dirigido por el *proceso primario,* que expresa directamente pulsiones somáticamente generadas. Al ser frustrados estos impulsos primitivos, el niño lentamente aprende a adaptarse a las exigencias de la realidad. El *proceso secundario* conduce al crecimiento del Yo, y se atiene a lo que Freud llamó el *principio de realidad,* en distinción al *principio del placer* que domina en el Ello. Aquí la necesidad de retardar las gratificaciones para preferenciar la conservación de la persona, es aprendida lentamente en un esfuerzo para impedir la aparición de angustia producida por los deseos no cumplidos. Lo que Freud llamó "mecanismos de defensa" son respuestas del Yo para enfrentar tales conflictos. El más fundamental de éstos es la *represión*, desde el cual Freud postuló luego una amplia gama de defensas, incluyendo la *formación reactiva*, la *negación*, el *desplazamiento* y la *racionalización*. El último componente en la tricotomía freudiana, el Super Yo, se desarrolla a partir de la internalización de los comandos morales sociales mediante la identificación con el padre producto de la resolución del conflicto edípico. Sólo parcialmente consciente, el Super Yo gana su fuerza aliándose con los aspectos agresivos del Ello, que se vuelven contra el Yo produciendo sentimientos de culpabilidad. El Super Yo se forma centralmente a través de la internalización de las normas sociales, evitándose así que el psicoanálisis tenga una conceptualización puramente biológico-individualista de la mente.

La comprensión de Freud del proceso primario sufrió posteriormente cambios: inicialmente contrapuso la energía libidinal que busca el placer sexual, con la energía yoica que se centraba en la sobrevivencia. Pero en 1914, examinando el tema del narcisismo, pasa a considerar el segundo aspecto, el de conservación del Yo, como una variante del anterior. Buscó así una nueva alternativa dualista, llegando a la afirmación, quizá especulativa, de que existe en la psiquis un impulso regresivo innato hacia la detención de la tensión que es inevitable en la vida. Esto fue denominado el principio de Nirvana, cuyo instinto subyacente sería el de muerte, o Tánatos, que él contrapuso al de vida, o Eros, que batalla por la propia conservación.

La teoría freudiana final acerca de los instintos es realmente una metafísica, construida, al modo de Bergson o de Schopenhauer, alrededor del tema de un impulso vital. Entusiasmado con sus formulaciones teóricas, Freud desarrolló en los últimos años de sus escritos una serie de estudios que lo alejaron mucho de su experiencia clínica. Esta línea había sido ya antes iniciada, con sus estudios literarios sobre *Leonardo da Vinci* (1910) y sobre la novela *Gradiva* escrita por Wilhelm Jensen (1907). En esos primeros escritos socioculturales Freud intenta psicoanalizar obras de arte como expresiones simbólicas de las psicodinámicas de sus creadores. La premisa fundamental que permitió que Freud examinara estos fenómenos fue el mecanismo denominado por él *sublimación*. En los *Tres ensayos* Freud planteó que la creación artística de la belleza se arraiga en impulsos sexuales primitivos que se transfiguran en obras culturalmente elevadas. A diferencia de la represión, que produce síntomas neuróticos únicos cuyo significado es desconocido para quien los padece, la sublimación es un mecanismo evolutivamente superior, que conduce a trabajos culturales intersubjetivamente disponibles. Aunque criticada como reduccionista por sus implicaciones, la interpretación psicoanalítica de la cultura ha sido denominada una de las más poderosas *hermenéuticas de la sospecha* para usar la frase del filósofo francés Paul Ricoeur, porque desbanca las nociones idealistas de una alta cultura que transciende preocupaciones más pedestres.

Freud extendió luego, en *Tótem y tabú* (1913), el alcance de sus teorías para incluir especulaciones psicológicas sobre temas antropológicos y sociales. Aprovechando los estudios de Frazer sobre los aborígenes australianos, interpretó la mezcla de miedo y reverencia hacia el animal totémico desde el punto de vista de la actitud del niño hacia el padre del mismo sexo. La insistencia de los aborígenes en la exogamia fue vista como una defensa contra fuertes deseos incestuosos sentidos por el niño hacia el padre del sexo opuesto. Esta religiosidad primitiva sería un anticipo ontogenético del drama edípico, que reaparecería aun en el hombre moderno. Planteó Freud que estas repeticiones se basaban en sucesos históricos reales, especulando que la rebelión de los hijos contra sus padres dominadores, para controlar a las mujeres, habría culminado en un parricidio. Para evitar los remordimientos y manejar la culpa, este acto violento fue expiado mediante el tabú del incesto y las interdicciones contra dañar al padre-sustituto, el objeto o animal totémico. Cuando el clan fraternal reemplaza a la horda patriarcal, surge la sociedad como hoy la conocemos. Para renunciar a las aspiraciones individuales de reemplazar al padre asesinado, y por el sentido compartido de culpabilidad en el crimen primitivo, se llega a un acuerdo contractual de terminar con las luchas intestinas y reunirse en una sola banda. El ascendiente otorgado al animal totémico puede luego evolucionar hacia el Dios impersonal de las grandes religiones de Occidente.

Un esfuerzo subsiguiente, para explicar la solidaridad social, surgió en *La psicología del grupo y el análisis del Yo* (1921). En ésta, Freud se basó en la obra de los psicólogos de las masas de fines del siglo XIX, especialmente en la de Gustave Le Bon. Se puede ver claramente en ella su desilusión con la política racionalista liberal, desencanto que muchos han visto en la base del trabajo de Freud, y cuya expresión más explícita fue la psicobiografía de Wodrow Wilson, escrita conjuntamente con William Bullitt en 1930, la cual no fue publicada hasta 1967. Freud sugirió que todos los fenómenos de masas se caracterizan por reacciones regresivas intensas que despojan a los individuos del control de su personalidad y de su independencia. Rechazando explicaciones alternativas, tales como fenómenos hipnóticos o como la idea junguiana de un inconsciente colectivo, Freud enfatizó la catexis libidinal del grupo en su líder. El grupo regresa al funcionamiento de la horda primitiva y a la relación de ésta con el padre originario.

Su visión negativa de los fenómenos políticos y sociales se extendió tambien hacia la religión. La posición explícita de Freud fue siempre profundamente antirreligiosa. Como lo anota en *Tótem y tabú*, atribuyó las creencias en las divinidades a un desplazamiento de la veneración hacia los progenitores. Una de las principales fuentes de su ruptura con algunos de sus primeros discípulos, como Jung, fue su escepticismo hacia cualquier tipo de espiritualidad. En su ensayo de 1907 denominado *Actos obsesivos y prácticas religiosas*, Freud ya había planteado que los rituales religiosos correspondían a la "neurosis obsesiva de la humanidad". Veinte años después, en *El futuro de una ilusión* (1927), volvió a elaborar este punto de vista, agregando que la creencia en Dios es una reproducción mítica del estado de impotencia infantil. Al modo de un padre idealizado, Dios es la proyección del deseo pueril por un protector omnipotente. Si los niños pueden superar este estado inicial, la humanidad podría también esperar salir de esta heteronomia inmadura. Se ha dicho que la fe ingenua del autor en el iluminismo racionalista del siglo XIX subyace en este esquema. En un intercambio de cartas con el novelista francés Romain Rolland, Freud reconoció posteriormente la existencia de otras fuentes del sentimiento religioso. En la sección inicial de su próxima especulación al respecto (*La civilización y sus descontentos*, en 1930), se centró en lo que Rolland había denominado el sentimiento oceánico, al cual Freud describió como un sentido de unidad indisoluble con el Universo, el que los místicos en particular han celebrado como la experiencia religiosa fundamental. Su origen, afirmó Freud, es la nostalgia del sentimiento preedípico de unidad del niño con su madre. Aunque todavía arraigada en la impotencia infantil, la religión pasa así a tener una base en las etapas más tempranas del desarrollo postnatal. Los anhelos regresivos por su restauración son posiblemente más fuertes que los que desean tener un padre poderoso y por lo tanto no pueden elaborarse mediante una resolución colectiva del complejo de Edipo.

La civilización y sus descontentos, escrito después del inicio de la lucha de Freud con un cáncer de mandíbula y en medio del rápido crecimiento del fascismo europeo, es un libro lleno de desesperanza. Al enfocar la preponderancia de la culpabilidad humana y la imposibilidad de lograr una felicidad permanente, Freud sugiere que no habría una solución posible para el descontento de la humanidad. Todas las civilizaciones, por bien que se planifiquen, sólo pueden dar alivios parciales, dado que la agresión entre los hombres no se debe sólo a relaciones iguales de propiedad, o a inequidades políticas, lo que podría ser rectificado mediante leyes, sino además al instinto de muerte, redirigido hacia fuera. Eros, sugirió Freud, no armoniza con la civilización: los vínculos libidinales que crean solidaridades colectivas son inhibidos en sus fines en forma difusa. Es probable que siempre exista una tensión entre la gratificación sexual y su sublimación: el amor colectivo hacia la humanidad. Dado que Eros y Tánatos están por definición en oposición, el conflicto entre ambos y la culpabilidad que ello acarrea son inevitables. Lo que más se puede esperar es una vida en la cual las cargas represivas de la civilización sean balanceadas con la realización de gratificaciones instintivas y el amor sublimado hacia la humanidad. Pero conciliar naturaleza y cultura es imposible, por lo que el precio de cualquier civilización es la culpabilidad producida por la represión de las pulsiones e instintos humanos. Por otra parte,

Freud postuló que la genitalidad madura y heterosexual y la capacidad de trabajar productivamente son los sellos de la salud mental, y urgió a que *donde estuvo el Ello, estará el Yo.* En todo caso, es claro que Freud no tuvo ninguna esperanza, en el sentido de que pudiera haber una solución colectiva para los descontentos de la civilización. Lo único que podía ofrecer él como alternativa es una actitud de autenticidad desesperada, y la sabiduría de aceptar que no hay posibilidad de rescate, ni religioso ni secular.

El último trabajo importante de Freud fue *Moisés y el monoteísmo* (1938), que terminó siendo más que la simple "novela histórica" que tuvo inicialmente en mente. Moisés había sido una figura de importancia capital para Freud, y ya en 1914 le dedicó un ensayo a la famosa estatua de *Moisés* de Miguel Ángel, en Roma. Este libro pretendió resolver el misterio de los orígenes de Moisés, afirmando que éste realmente fue un aristócrata egipcio que habría elegido la religión judía como manifiesto de su admiración por una de las más tempranas religiones monoteístas. Al mostrarse como un líder excesivamente exigente con su pueblo, Moisés es muerto en una revuelta judía, y un segundo Moisés, más dúctil, lo reemplaza. La culpa engendrada por el acto parricida fue, sin embargo, excesiva para ser tolerada, y los judíos finalmente vuelven a la religión que les dio el Moises original, combinando luego a ambas figuras en sus recuerdos. Este libro fue publicado el mismo año que Hitler invadió Austria, siendo Freud forzado a huir a Inglaterra. Sus libros estuvieron entre los primeros en ser quemados como ejemplos de una "ciencia judía", en el momento que el nazismo accedió al poder en Alemania. Aunque en el Tercer Reich no se prohibió la psicoterapia, ésta pasó a ser una institución oficial, dirigida por un primo de Hermann Göring, y el psicoanálisis se desarrolló en el exilio, especialmente en las Américas y en Inglaterra. Freud mismo murió pocas semanas después del comienzo de la Segunda Guerra Mundial, el 23 de septiembre de 1939, en momentos en los cuales sus peores temores acerca de la irracionalidad escondida tras la fachada de la civilización estaban siendo confirmados.

La muerte de Freud no impidió la recepción y diseminación de sus ideas, desarrollándose una plétora de escuelas que han llevado al psicoanálisis en diversas direcciones. El propósito de este libro es mostrar cómo este desarrollo tiene un sentido, relacionado en parte con lo prolífico y complejo de la obra del mismo Freud y, por otra, como una respuesta a los marcados cambios históricos y culturales que ha experimentado la cultura y ciencia occidentales. Así, por ejemplo, existen puntos de vista que surgen antes de que Freud desarrolle su segunda tópica, el modelo estructural de Ello, Yo y Super Yo, y que por lo tanto preferencian su psicología inicial centrada en el concepto de inconsciente. Entre estas "psicologías de las profundidades" podemos mencionar los aportes de Carl Jung y de Melanie Klein. En otros casos, hay autores que reaccionan a las diferencias culturales que ven en los países en los que practican el psicoanálisis. Por ejemplo, el punto de vista culturalista fue desarrollado por un grupo de psicoanalistas centroeuropeos, tales como Karen Horney o Erich Fromm, después de emigrar a Norteamérica y mirar desde fuera la cultura predominante en este país, muy diferente a aquella en la que ellos habían crecido. La historia del movimiento psicoanalítico, que inicialmente fue la sola biografía de Freud, se ha visto enriquecida a lo largo del siglo por numerosos nuevos puntos de vista. El primer hecho novedoso fue la aparición de puntos de vista alternativos a los freudianos, lo que será el tema del capítulo siguiente.

CAPÍTULO 2
Los primeros disidentes: Jung y Adler

El progresivo reconocimiento público a sus teorías le significó paradójicamente a Freud un número creciente de conflictos con sus primeros seguidores. El salir de su período inicial de esforzado trabajo solitario, etapa a la que denominó su "espléndido aislamiento", le trajo creciente fama internacional, y la aparición de numerosos discípulos. Casi en paralelo con estos hechos, se produjeron también las primeras disidencias importantes con los puntos de vista del creador del psicoanális. Los dos primeros discípulos vieneses de Freud fueron Stekel y Adler, y el principal seguidor de fuera de Viena fue un psiquiatra procedente de Suiza, Carl Jung. Adler y Jung desarrollaron puntos de vista que diferían de los conceptos que estaba elaborando Freud, y con ambos se produjeron rupturas abiertas: primero con Adler, en 1911 y luego con Jung, en 1913. Es interesante comprobar que muchos de los conceptos que estos autores propusieron han encontrado posteriormente su espacio dentro del pensamiento analítico. Esta tendencia a las rupturas iniciales ha sido ligada a la necesidad que tenía el movimiento inicial de definir su identidad alrededor de las teorías de su fundador, lo que condujo a una relativa intolerancia de puntos de vista alternativos. Posteriormente, tanto Freud como el psicoanálisis organizado fueron más abiertos con la disidencia. Nos referiremos a continuación a los dos autores que han tenido mayor relevancia desde este ángulo: Jung y Adler.

I. Carl Gustav Jung

Carl Gustav Jung nació en Keswill, al borde del lago Constanza, en 1875, en el seno de una familia de origen alemán. Su padre fue un pastor protestante, hombre introvertido, piadoso y atormentado por continuas dudas existenciales. Su madre era una mujer bonachona, conversadora y de gran sentido del humor, extrovertida y sencilla. Esta polaridad resurgirá posteriormente en la tipología junguiana, con sus extremos opuestos de intro y extroversión. El contraste entre lo material y lo espiritual fue una temática constante en este autor, como lo ha destacado De Castro en su estudio acerca de Jung (12). Jung estudió Medicina en la Universidad de Basilea, interesándose allí rápidamente por la Psiquiatría, especialidad donde percibió que podría estudiar –el cruce entre la naturaleza y el espíritu–. Después de su graduación como médico empezó a trabajar con Eugen Bleuler, importante psiquiatra suizo, quien acuñara el término esquizofrenia en el Sanatorio Burghozli. En la década siguiente se desarrolló una fuerte relación profesional entre Jung y Sigmund Freud. Esa relación comenzó cuando Jung revisó, a instancias de Bleuler, *La interpretación de los sueños*, el *opus magnum* de Freud. En esos tiempos Jung estaba desarrollando un método para comprender el mundo de los enfermos mentales y la teoría freudiana de la represión le sirvió para desarrollar su *Estudio sobre la asociación de palabras*, publicado en 1906. Desde ese año hasta 1913 se produjo un activo intercambio entre ambos genios, con sucesivas visitas de Jung a Freud. En la primera de ellas hablaron 13 horas seguidas (13). Para Freud, el ser reconocido por psiquiatras de un centro del prestigio del Burghozli en Zurich significaba abrirse fuera del grupo vienés y de la identidad judía de su novel ciencia. Citándolo textualmente: "su aparición en escena fue la que le permitió al psicoanálisis escapar al peligro de convertirse en una cuestión nacional judía". El mismo razonamiento llevó a Freud a nombrar a Jung su heredero intelectual. En una carta de abril de 1909 dice: "Le adopté a Ud. formalmente como hijo primogénito, ungiéndole como sucesor y formal heredero". Jung se transformó rápidamente en el primer presidente de la recién creada Asociación Psicoanalítica Internacional, así como en el redactor principal del *Anuario del Psicoanálisis*. Varios de los aportes de Jung al movimiento analítico han quedado institucionalizados desde entonces, como por ejemplo la obligación de un análisis didáctico o de entrenamiento, que hoy se exige a todo analista.

Los gérmenes de la ruptura entre Freud y Jung existían ya desde temprano. El primero daba en su teoría un papel central a la sexualidad, el que Jung nunca le otorgó. Para el segundo había otros factores importantes, tales como "la adaptación social, las pretensiones de prestigio, el alimento, la ambición de poder, etc.". Este último elemento jugó probablemente un papel en la ruptura entre ambos hombres, al desarrollar también Jung su propio movimiento, la "psicología analítica", centrada en sus ideas. La obra posterior de Jung, que comienza con *Símbolos y transformaciones de la libido*, le alejó cada vez más del pensamiento freudiano. Su concepción de libido fue muy amplia (para él era sinónimo de energía psíquica y no de energía sexual como lo postulara Freud). Asimismo, Jung pasó a preocuparse cada vez más de temas religiosos, área que para Freud no tenía importancia, o más bien constituía una ilusión infantil. En *El hombre y sus símbolos* Jung plantea que la idea de Dios es importante y que "el hombre necesita convicciones e ideas generales que le den sentido a su vida y le permitan encontrar su lugar en el Universo".

Fuera de sus diferencias teóricas, el distanciamiento entre ambos autores se ha atribuido a situaciones biográficas y personales. Davis (14) en su análisis de esa relación señala, entre otros aspectos:

- Ambos autores se conocieron en momentos diversos de sus ciclos vitales. Jung tenía 31 años, y necesitaba activamente un mentor que le diera confianza en sus aportes y contribuciones. Freud, a los 51, esta a en plena madurez y en una etapa en la cual quería formar un grupo de seguidores fieles que difundieran sus ideas. Freud había salido hacía relativamente poco de una prolongada y compleja interacción intelectual con el médico berlinés Wilhelm Fliess, y creyó encontrar en Jung un amigo-discípulo más joven. Históricamente Freud se llevó mejor con hermanos mucho menores que él, pero tuvo dificultades con su primo mayor, Iván, y tuvo que elaborar en su análisis sus sentimientos encontrados con respecto a la muerte súbita del hermano que le siguió inmediatamente, Julius. En su correspondencia con Jung, Freud aludió directamente a las bases edípicas de la amistad y separación de ambos. Es claro que el segundo no aceptaba volver a tener una figura paterna misteriosa y distante, sino requería una relación más cercana y cálida.
- Otro elemento que probablemente tensionó la relación entre ambos fue una mujer, Sabina Spielrein. Ésta era una ex paciente y analizada de Jung, de origen ruso, con la cual éste desarrolló una amistad íntima. Él mismo solicitó a Freud que la siguiera analizando, y mantuvo su relación con ella a pesar de la oposición

de Freud como analista. Según Carotenuto, en su estudio del diario de Spielrein, que influyó profundamente en la psicología clínica rusa en la década de los '20, los puntos de vista de esta paciente pesaron tanto en la teoría del ánima de Jung como en la del instinto de destrucción en Freud (15).

II. El pensamiento de Jung

Samuels (16), en su completa revisión acerca del punto de vista junguiano actual, señala que éste puede ser caracterizado por tres áreas de preocupaciones teóricas: su redefinición del sistema psíquico a partir de sus ideas sobre arquetipos complejos, su reconceptualización del *self* (o "sí mismo" y su teoría sobre el desarrollo de la personalidad como proceso de individuación diferente según el tipo psicológico de cada persona. Revisemos brevemente estos conceptos.

a) *Arquetipos y complejos*

Los antecedentes filosóficos del concepto de arquetipo pueden encontrarse en Platón, cuyas *ideas* ya existían en la mente de los dioses antes de que éstos crearan el mundo; en Kant, cuyas categorías con esquemas *a priori* permitían organizar los datos perceptuales, y en Schopenhauer, cuyos *prototipos* eran la "forma original de todas las cosas, que siempre son y nunca devienen ni desaparecen". Jung, en su trabajo clínico inicial que se centró en pacientes psicóticos en el Sanatorio Burghozli en Zurich, encontró lo que el primero denominó *imágenes primordiales*, que se repetían una y otra vez en sus pacientes. Estas imágenes las volvió luego a encontrar en numerosos mitos pertenecientes a diferentes culturas, por lo que las colocó en el sector del inconsciente que Freud describió como aquel que nunca ha sido consciente, y que Jung denominó el *inconsciente colectivo*. Estas imágenes *dominantes* atraerían energía libidinal hacia ellas, y se constituirían así en los que Jung desde 1919 en adelante denominó *arquetipos*. Éstos son concebidos como un concepto formal-estructural, sin elementos perceptivos propios, los que son agregados por cada persona. Para Jung el arquetipo *an sich* es un núcleo incognoscible, que nunca será consciente, alrededor del cual cada persona construye su *imagen arquetípica*. Los arquetipos serían pues disposiciones heredadas, normas biológicas para la actividad psíquica, esquemas, maquetas o aprestos para entrar en acción, que *luego* pasarían a interactuar con el ambiente en forma tal que se busca la adecuación de éste con la predisposición innata. Cada individuo desarrollaría sus únicas imágenes arquetípicas dependiendo de su peculiar desarrollo temprano. Así se llegará a evoluciones mejores, o más sanas, o peores o más patológicas.

El concepto de arquetipo sería el análogo psicológico del instinto (*la percepción del instinto de sí mismo, o el autorretrato del instinto*). Ambos conceptos serían imágenes en espejo, uno en biología y otro en psicología. Uno puede ser explorado "hacia abajo", para profundizar en las bases etológicas o biológicas de lo humano, o bien "hacia arriba", para explorar el dominio de las ideas, la inspiración creativa o lo espiritual. Jung, en sus estudios, tomó la segunda dirección, hacia lo trascendente.

Entre las elaboraciones posteriores del concepto, Jung se refirió a la bipolaridad de los arquetipos, que presentarían una tendencia a perpetuarse bajo sus aspectos positivos y negativos. Por ejemplo, la imagen arquetípica del padre puede dividirse en el padre apoyador, útil, fuerte y admirado, y el padre tiránico, dominante y castrador. Su negativo sería el padre débil o inútil. El padre real interactuará con este arquetipo, mediatizándose así la imaginería arquetípica de cada individuo. Ésto, en el desarrollo habitual, se traduce en una imagen intermedia, no excesivamente idealizada ni excesivamente desvalorizada o excesivamente temida del padre. En el desarrollo alterado, un individuo que tiene una imagen omnipotentemente buena tendrá problemas con la autoridad, o se sentirá desesperadamente inferior a su propio padre. Un padre tiránico promoverá una tendencia a someterse en forma excesiva, y un padre débil, una sensación de desprotección y de estar inerme frente al mundo.

Los arquetipos fueron también organizados por Jung en forma *jerárquica*. Esta jerarquía, yendo desde lo interno a lo externo, parte con la *persona*, término tomado de los dramas griegos y que alude a la máscara social con la cual enfrentamos al mundo. Sin esa máscara, los impulsos biológicos impiden una interacción social normada. Los roles sociales dan diferentes configuraciones de *persona:* banquero, médico, abogado, campesino, etc. Por debajo de la persona está la *sombra,* que para Jung muestra lo que cada persona teme y desprecia y no puede aceptar en sí mismo. A menudo los impulsos biológicos son colocados en la sombra: el efecto de muchas terapias psicológicas es el permitir pasar desde enjuiciar a primero aceptar y luego integrar la propia sombra. Otro nivel de arquetipos son los sexuales opuestos: el *animus* y el *ánima,* que expresan lo psicológicamente masculino en la mujer y lo psicológicamente femenino en el hombre. Tal como en el caso anterior, estos arquetipos representan puentes entre el consciente y el inconsciente personal. El arquetipo psicológicamente más profundo es el *sí mismo (self).* Éste es el que ordena toda la experiencia psicológica, centrando el resto de los arquetipos. Existen otros arquetipos (niño, viejo sabio, hogar, etc.), que no analizaremos detalladamente en este momento.

b) *El concepto de Yo en Jung*

Jung desarrolló su conceptualización del Yo en tres áreas: en primer lugar, como un arquetipo de la conciencia, existiendo un complejo yoico que posee un conjunto de capacidades innatas; luego, como un elemento de la estructura psíquica en términos de sus relaciones con el *self*; y finalmente, desde un punto de vista evolutivo, como una instancia que, recibiendo diversas demandas a lo largo de la vida, va por lo tanto cambiando. Jung ve al Yo como *centro de la conciencia:* es la entidad responsable de la identidad y continuidad personal en el tiempo y espacio, por lo cual la memoria es una función primordial del Yo, así como lo son la fuerza de voluntad y el libre albedrío. El Yo está rodeado de diversos complejos e imágenes arquetípicas. Cuando se conecta con otros complejos se produce la entrada a la conciencia de temas que son importantes para cada persona. El hombre está, así, determinado por complejos que surgen de lo profundo y que se ligan al Yo. En base a estos conceptos Jung desarrolló una tipología analítica que reaccionó expresamente frente a visiones hiperracionales que acentuaban los procesos conscientes y que aislaban a la persona del mundo de la naturaleza y de su base biológica. El Yo junguiano es centralmente un mediador, que negocia compensaciones entre complejos e imágenes arquetípicas opuestas o conflictivas.

Jung vio al Yo surgiendo y al servicio de otra entidad superior a él: el *self (sí mismo)*. Dado que el inconsciente es mayor que el consciente, es necesario hipotetizar algo superior al Yo. El *self* existe desde el comienzo del desarrollo individual, y "mueve al Yo", prefigurando inconscientemente el desarrollo de éste. El Yo trata de dominar la psiquis y el *self* no acepta ese intento: el destino individual se realiza en la medida que se avanza o retrocede en esta tensión.

Una función del Yo a la cual Jung concede especial importancia es la *función trascendente*. En ésta se integran aspectos opuestos. Por ejemplo, una persona centrada en los sentidos y vivencias corporales, que no tiene en cuenta sus aspectos espirituales, puede experimentar una crisis en la cual estos últimos fuerzan su presencia en el campo de la conciencia. Esto puede llevar al Yo a tratar de mantenerse en una situación intermedia, y elaborar un producto genuinamente nuevo. Tanto la espiritualidad como "la sensualidad, pares opuestos que tratan de imponerse, llevan a un nuevo producto que arriesga escindir al Yo, a no ser que éste sea lo suficientemente fuerte como para proteger al producto nuevo, que *trascenderá* a ambos extremos. La fuerza del Yo ayudará a este triunfo, pero también Jung enfatiza que la mera existencia de este producto intermedio fortalecerá al Yo, que tendrá una nueva actitud, menos escindida, para enfrentar la vida y habrá ampliado así el campo de la conciencia. Esta *función trascendente* permite que los opuestos dialoguen y se influencien mutuamente, trascendiendo sus posiciones anteriores, inconscientes, y desarrollando un producto intermedio, consciente. Este producto es denominado un *símbolo mediador*, que comunica su mensaje como la única solución; ésta generalmente no es una respuesta sino una posibilidad de elección, consciente y libre, del Yo. Por ejemplo, el símbolo de la Cruz, como producto de la tensión entre la vida y la muerte, es la solución cristiana afirmada en el mensaje de Cristo: "Yo soy el Camino, la Resurrección y la Vida".

La conciencia yoica para Jung tiene dos facetas: la *discriminación* y la *elección balanceada de alternativas*. La primera implica la capacidad de distinguir entre Yo y No Yo, sujeto de objeto, positivo de negativo, y así sucesivamente. Para integrar pares opuestos, ha dicho Jung, es necesario distinguirlos previamente. Sin un Yo vivencial, no existiría discriminación entre lo superior y lo inferior, sino instinto ciego solamente. La segunda faceta es la capacidad de mantener la elección de alternativas abiertas una vez que éstas han sido discriminadas y posibilitar así la producción de nuevos contenidos, y por lo tanto de nuevas actitudes conscientes. Para Jung, la función trascendente se expresa en dos formas: a través de *formulaciones creativas* (pensamiento indirecto y lenguaje metafórico) y a través de la *vía de la comprensión:* ciencia, conceptos, palabras. La neurofisiología moderna ha asociado éstas con la diferenciación hemisférica: en la primera actúa más el hemisferio derecho y en la segunda el izquierdo. Para Jung, dicen sus críticos, el conflicto tuvo menos importancia que la búsqueda de una fusión simbiótica con un objeto idílico. No utilizó este autor la noción freudiana de Super Yo, afirmando que la ética y la moralidad eran *innatas,* y que formaban parte de un "arquetipo moral", que precedía al código moral social, señalando que no puede haber culpa sin una capacidad fundamental preexistente para sentir culpa.

c) *Los tipos psicológicos*

Para ilustrar cómo funciona la conciencia, Jung formuló su teoría general de los tipos psicológicos, la cual alcanzó notable popularidad. Por una parte planteó dos actitudes básicas frente al mundo externo: la de los *introvertidos*, que se energizan desde su interioridad o mundo interno, y los *extrovertidos*, que lo hacen desde la exterioridad. Estas actitudes se cruzan en cuatro funciones que se dividen en dos pares: el racional –pensar y vivenciar– y el irracional: sentir e intuir. La función del *pensar*, para Jung, se enfoca en saber sobre algo: nombrar y ligarlo a otras cosas, clasificándolo; la del *vivenciar*, en ligarse afectiva o valóricamente a un hecho; la de *sentir* a la de experimentar algo a través de los sentidos, sin definirlo necesariamente; finalmente, el *intuir* es ligado por Jung con el saber hacia dónde va una situación dada, en forma irreflexiva y sin poder justificar racionalmente esta premonición. Jung, en su modelo, balancea las funciones *superiores*, o primeras, y las *inferiores*, o auxiliares. Las posibles combinaciones de las funciones anteriores llevan a 16 cruces, que son utilizadas con fines diagnósticos, pronósticos y de planeamiento terapéutico por los analistas junguianos. El par opuesto a la función superior le crea dificultades a la persona. Si alguien, por ejemplo, pertenece a la categoría del vivenciar, tendrá dificultades con su función de pensar. Todos conocemos a personas así, que tienen una actitud madura y balanceada frente a la vida, pero a quienes les falta la capacidad para desarrollar esfuerzos *intelectuales* sostenidos o sistemáticos, por lo cual pueden *descalificar* a los intelectuales y ocultar su sensación de inadecuación en estos temas. La función problemática (o inferior) existe para Jung fundamentalmente en el inconsciente y provee a la persona de una potencialidad de cambio si es posible integrarla conscientemente al Yo. La capacidad de ponerse en contacto con *las* propias funciones inferiores es un paso central en el proceso de individuación o *redondeo* de la personalidad en las terapias junguianas. Las funciones inferiores o *excluidas*, tienen una base fisiológica e innata para Jung, que pueden llegar a ser parcialmente controlables por el Yo. Si no lo son, los sujetos aparecerán como inmaduros, subdesarrollados, infantiles, arcaicos, y se convertirán así en lo que la personalidad desprecia en su interior: para esto, Jung reserva el término de *sombra* ya descrito. La patología resulta cuando quedan en la sombra aspectos valiosos del sí mismo, que si no son conscientes pasan a operar en una forma distorsionada, o bien son elementos del sí mismo que se proyectan en otros. Esta proyección de los elementos malos del sí mismo interfieren en la calidad de las relaciones interpersonales Y en la posibilidad de una conciencia social armónica.

Jung subrayó siempre el hecho de que la sombra no debería ser vista como algo negativo: pertenece al lado oscuro de lo humano y deber ser integrada para desbloquear las relaciones interpersonales y comunitarias, "admitiendo lo humano inadmisible". Cuando esto se consigue, es posible llegar a ser más completo y verdaderamente humano: el reconocimiento de que *uno mismo es el problema* y el integrar los aspectos rechazados del sí mismo son pasos cruciales en el proceso de individuación junguiano. Socialmente, la sombra es culturalmente proyectada en los excluidos: los criminales, los psicóticos, los adictos, los desviados sexuales y otros chivos expiatorios, así como en los enemigos externos. Este rechazo social se torna peligroso al resurgir en los odios sociales, ideológicos o raciales.

Desde antiguo, el símbolo de la conciencia del Yo ha sido el *camino del héroe*, que representa la lucha por las aspiraciones humanas, así como los conflictos que el hombre debe afrontar a lo largo de su ciclo vital. La jornada que debe reconocer el héroe está representada en un gran número de mitos que comparten el rasgo común de llevar a un reconocimiento de la luz a partir de la oscuridad. En

Perseo, Hércules, Edipo, Moisés, Arturo y otros se repite la historia: el héroe nace de una madre virgen, con un padre real emparentado a su madre, en circunstancias poco usuales, que se explican por el hecho de que el héroe es el hijo de un Dios. Al nacer, su padre o su abuelo materno tratan de matarlo, pero es ocultado y criado en un país o lugar lejano. Después de una larga jornada erizada de peligros, en que triunfa sobre gigantes, dragones o bestias salvajes, se transforma en rey y se casa con una princesa. Todo va bien hasta que pierde el favor de los dioses o de su pueblo y es desterrado, encontrando luego una muerte misteriosa, generalmente en la cumbre de un cerro. Si tiene hijos, éstos no son sus sucesores y su cuerpo no es enterrado.

El *proceso de individuación* para Jung, se dirige hacia dentro, y su fin es la integración de las partes conscientes e inconscientes –cuyo centro es el sí mismo– que lleva a que el hombre pueda trascender experimentando en sí mismo una felicidad en términos positivos. Para Jung el sí mismo no es lo mismo que Dios, pero sirve para que éste se exprese ("el Sí mismo nunca es puesto en sitio y lugar de Dios pero puede ser receptáculo de la Gracia Divina"). Esta búsqueda de la gracia es denominada por Jung, en su obra *Psicología y religión*, impulso o función religiosa. Para él, a diferencia de Freud, las ideas religiosas "no fueron inventadas nunca, nacieron con la humanidad". Se desarrollaron desde épocas en las que no se había aprendido a emplear el espíritu como actividad que se ajusta a fines. Antes que los hombres aprendieran a producir pensamientos, los pensamientos les vinieron. *Los hombres no pensaron sino que percibieron la función espiritual*. El hombre, así, no inventó la religión ni los símbolos religiosos. Solamente ha percibido, ha sido consciente, de la manifestación religiosa.

d) *La terapia junguiana*

Jung no desarrolló una técnica alternativa al psicoanálisis freudiano clásico, pero sí acentuó algunos métodos de éste y planteó un sentido diferente para la cura analítica. En el hecho, se ha dicho que los aportes técnicos los realizó Jung durante su período psicoanalítico propiamente tal, y su ortodoxia en ese sentido es subrayada por el reconocimiento, por el propio Freud, de que uno de los méritos de la "escuela de Zurich" fue el haber instaurado el análisis didáctico, haciendo así "más severas las condiciones necesarias para hacerse analista". Un análisis junguiano, por lo tanto, no difiere técnicamente de uno freudiano, aunque probablemente subraya más que el último el uso de los sueños, entendidos como la imagen compensadora del inconsciente, mostrando aspectos que han quedado en la "sombra" del paciente de un modo más explícito.

El sentido de la terapia junguiana es descrito por su autor como holista y finalista, concediendo menos importancia a la revisión de la significación que los síntomas tuvieron en el momento de originarse, tratando de considerar la totalidad de los fenómenos psíquicos en tiempo presente y estudiando, finalísticamente, los objetivos personales del individuo. La neurosis, por lo anterior, es entendida también como un hecho positivo, al ser vista como un intento de autocuración. "Gracias a su neurosis, hay individuos que son extraídos de su apatía, muchas veces de su pereza o de su desesperada resistencia": la neurosis puede así constituirse en un estímulo para la lucha por la integración final de la personalidad. El camino de este desarrollo y la "salida" de la neurosis será para Jung una síntesis de contenidos conscientes y otros reprimidos, expandiéndose así las capacidades del *self*.

Los sueños tienen un rol especial en la terapia junguiana, utilizando un método de interpretación más directo, e identificando en ellos los símbolos del inconsciente colectivo, tales como arquetipos que aparecen en mitologemas de múltiples culturas (como la mandala de la flor de oro, a la que prestó mucha atención Jung en diversas obras). Se asocian también los sueños con imaginerías y trabajo creativo del paciente, a través de dibujos, pinturas y escritos personales. Estas técnicas todas buscan colocar al sujeto en contacto con su sombra, para identificar sus mitos personales y así integrarlos a la personalidad consciente.

La transferencia es entendida por Jung también de un modo diverso al freudiano, comprendiéndola como la proyección de arquetipos en la relación terapéutica. Más que reacciones frente al padre o a la madre reales, el paciente reacciona frente a las *imagos* arquetípicas del padre o de la madre, que son reactivadas en la cura analítica. La relación terapéutica se convierte así en un juego recíproco del paciente y el analista con imagénes que provienen del inconsciente colectivo, o de la "psique objetiva" como también lo denomina Jung.

La terapia se convierte desde una perspectiva junguiana en un "camino al arte de vivir", aceptándose que además de las proyecciones transferenciales, existen introyecciones que el paciente hace del analista como figura real en su vida, con lo que la terapia adquiere un aspecto educativo o "psicagógico" sobre el paciente. Se llega así a un arte de vivir secularizado y psicologizado, nos dice Juan De Castro, que proviene de la misma tradición de la Biblia y de las psicologías racionales de Aristóteles o de Santo Tomás. Para Jung, el análisis terapéutico ha reemplazado en forma artificial lo que las antiguas civilizaciones tenían en forma natural a través de las "iniciaciones".

e) *La psicología analítica como movimiento organizado*

A diferencia del psicoanálisis freudiano, el movimiento junguiano se demoró mucho en organizarse y lo hizo en forma más laxa y asistemática. Esto se debió quizá a la posición que tomó Jung a poco andar de su separación de Freud, de retirarse a su casa de campo en Bollingen, en las cercanías de Zurich, y dedicarse a escribir y analizar pacientes y personas que le requerían formación. Por un período prolongado la única forma de entrenarse como analista junguiano fue analizarse con el mismo Jung. Sólo en la década del 40, cuando Jung desmejoró de salud y dejó de tener una práctica activa, se formó el Instituto Jung de Zurich, donde se dio una formación sistemática en práctica junguiana. A partir de esta estructura inicial, como lo relata Kirsch en reciente publicación al respecto (17) se formaron clubes de Psicología Analítica en Inglaterra, diversos países de Europa y ciudades de los Estados Unidos, y se dio origen a una organización, la Asociación Internacional para la Psicología Analítica (IAAP), que hoy día cuenta con centros formadores en diversos lugares del mundo. Entre los principales exponentes posteriores del punto de vista junguiano se puede mencionar a Erich y Julia Newman, en Israel; Gerhard Adler, Michael Fordham y H. Goodwin Baines, en Londres; James Kirsch, en Los Ángeles, y Abraham Samuels, en Nueva York. El punto de vista de Fordham, psicoanalista infantil que llegó a Jung después de un entrenamiento kleiniano en Inglaterra, es especialmente interesante ya que ha trabajado en detalle el tema de la formación psicológica del bebé desde ese ángulo, punto de vista que Jung no tomó muy en cuenta.

f) *Comentarios finales*

La psicología junguiana es el prototipo de lo que se ha denominado una "psicología profunda". El tema de la "profundidad" en psicoanálisis es antiguo y para muchos crucial en esta disciplina. La psicología académica es desde este ángulo vista como superficial, al estar demasiado apegada a los contenidos de la conciencia. Del mismo modo, a la psicología del Yo se le ha criticado su "poca profundidad". Se hace así un paralelo entre lo oculto, lo escondido y lo valioso y lo importante. La cura analítica se transforma en una excursión espeleológica hacia las profundidades de la personalidad, asumiéndose, tal como en una excursión de esta índole, que los hechos descubiertos en las profundidades del inconsciente iluminarán y posibilitarán el desarrollo y la individuación personales.

Existe un riesgo en el uso excesivo de la metáfora o analogía entre profundidad, primitivismo y psicosis. El valor terapéutico de esta interconexion ha sido quizá sobrevalorado. Una característica del pensamiento esquizofrénico es la *interpretación literal de la metáfora,* y la anterior confusión entre lo primitivo, lo profundo y lo psicótico puede llevar a simplificaciones extremas. En la jerga habitual del psicoanálisis se tiende a hablar de defensas primitivas y entender, incorrectamente, que se está hablando de un funcionamiento psicótico. Un modo de evitar caer en estas distorsiones es el mantener una perspectiva histórica. El pensamiento de Freud, tal como lo ha señalado Rapaport, se dio en sucesivas etapas (18), lo que hizo que los puntos de vista de algunos de sus discípulos hayan surgido de momentos del pensamiento del maestro en el cual éste todavía no desarrollaba puntos de vista que después se consideraron obvios. Por ejemplo, en su período de estudios clínicos el tema de lo profundo fue frecuentemente utilizado por Freud en comparaciones de tipo arqueológico, confrontando la labor del analista con la del científico que descubre lenguajes ocultos o que desentierra restos de etapas prehistóricas. Esta aproximación tuvo popularidad en una época y de hecho fue explícitamente adoptada por Jung e implícitamente, por Melanie Klein. En ese sentido, los pensamientos junguiano y kleiniano tienen más cercanía de lo que generalmente se les concede, cercanía ocultada por el hecho de que ambos autores adoptaron marcos referenciales diferentes: el topográfico, Jung y el evolutivo, Klein. Esto supone que lo que es profundo en Jung (en el sentido de estar enterrado en el inconsciente), es primitivo en Klein (en el sentido de venir de estadios tempranos del desarrollo).

Uno de los méritos innegables de Jung fue el de abrir el pensamiento freudiano, inicialmente dogmático alrededor de la importancia de la sexualidad no sólo en la génesis de las neurosis sino en su concepción del desarrollo normal, a otras motivaciones. En los años posteriores a su ruptura con Jung, Freud concedió importancia similar a la que antes dio a la sexualidad, al amor a sí mismo (narcisismo), a la agresividad (impulso tanático) y luego complejizó su modelo topográfico inicial con el modelo tripartita estructural, más sofisticado desde diversos puntos de vista. Sin embargo, persistió en su demostración de mayor interés en las motivaciones propias de la naturaleza biológica de la persona, cerrándose al tema de las motivaciones más altruistas, sociales y espirituales. En este terreno Jung desarrolló un intento amplio y, quizá, confuso. Su reconocimiento de la función religiosa y del concepto (o arquetipo) de Dios fue de importancia para muchos que encontraban la cosmovisión freudiana excesivamente reduccionista. Sin embargo, el camino seguido por Jung, a través de su estudio de los mitologemas orientales y de la tradición alquimista del medioevo, lo hicieron alejarse de la visión más racional del Dios cristiano y de la tradición filosófica de Occidente. La renuncia de Jung a la metafísica, y su profesión de fe agnóstica hicieron que no desarrollara su sistema dentro de una visión de un Dios objetivo, externo al hombre y cuya realidad se le impone desde la ley natural. En ese sentido, Ricoeur ha criticado a Jung como confuso: "Con Freud, sé dónde estoy y adónde voy; con Jung, todo corre el riesgo de confundirse: el psiquismo, el alma, los arquetipos, lo sagrado" (19). Jorge Peña (20) ha señalado cómo Jung ha vuelto a ponerse de moda recientemente, en una época postmodernista de cansancio racional, precisamente por su oposición al cientificismo tan venido a menos en nuestros días: su pensamiento desbordó los cauces de la psicología o del psicoanálisis tradicionales, interesándose por la parapsicología, el espiritismo, la astrología, la vida después de la muerte, la precognición, etc.

III. La psicología individual de Alfred Adler

Algunos de los términos que usualmente se asocian al psicoanálisis, tales como" complejo de inferioridad" o "protesta masculina", no pertenecen a Sigmund Freud sino a Alfred Adler, el primero de sus discípulos que sentó tienda aparte. Esta disidencia inicial no desarrolló un movimiento paralelo independiente más allá de la vida de su creador y, paradójicamente, la mayor parte de sus aportes novedosos fueron posteriormente incorporados y aceptados dentro del tronco central del pensamiento psicoanalítico.

Alfred Adler (1870-1937) nació en un suburbio de Viena, siendo el segundo de cuatro hermanos: tuvo un hermano mayor y dos hermanas menores. Fue un niño enfermizo, pero sociable desde pequeño. Después de brillantes estudios de Medicina, comenzó una práctica general en un barrio de la pequeña burguesía vienesa, ganándose rápidamente una reputación por su finura diagnóstica, por su sensibilidad para con sus enfermos, y por su buen trato social. En 1902 se convirtió en uno de los primeros seguidores de Sigmund Freud, quien recibió muy bien en ese momento a este médico de éxito profesional. Desde entonces y hasta 1907 participó en el círculo íntimo de Freud, llegando a ser presidente de la Sociedad Psicoanalítica de Viena y editor, junto con Stekel, de la primera publicación psicoanalítica mensual: el *Zentrallblatt fur Psychoanalyse*. Pero también en 1907 publica su primera obra, sobre *El lenguaje de los órganos*, en la que no aparece ya del todo conforme con las líneas de investigación del círculo freudiano. La ruptura no tardó en llegar: en sucesivas reuniones Adler criticó la teoría de la etiología sexual de las neurosis y planteó sus propios puntos de vista acerca de la "protesta masculina": el deseo de la mujer de superar su desventaja frente al hombre. Vinieron confrontaciones cada vez más secas entre el "hermano mayor y el hermano menor", y en junio de 1911 Adler dimitió. Posteriormente, Adler desarrolló sus puntos de vista alternativos y formó su movimiento propio ("psicología individual"), que se autodefinió por la apertura de su pensamiento ("Círculo de psicoanalistas libres").

En 1912 publicó su obra fundamental *El temperamento nervioso*, seguida en 1917 por *Conocimiento del hombre*. Más que un escritor prolífico, como Freud, Adler se transformó en un popular conferencista, primero en Viena y luego en el extranjero, desde Hungría hasta los Estados Unidos. Falleció en 1937 en Aberdeen (Escocia), durante una gira. Lo ecléctico de sus puntos de vista y la apertura de su sociedad a otros profesionales lo hicieron especialmente popular entre pedagogos y educadores. Sin embargo, al morir su creador quedaron pocos analistas entrenados por él y la Sociedad de Psicología Individual dejó de existir (21).

Adler comenzó a desarrollar su teoría desde lo biológico: "Ser hombre significa poseer un sentimiento de inferioridad que exige constantemente ser compensado" (22). Tal como un riñón crece cuando el otro está atrofiado, el individuo, para Adler, se desarrolla selectivamente, intentando compensar externamente sus fallas básicas. Así, personas con defectos en el habla se transformarán en grandes oradores como Demóstenes; personas con defectos en el aparato auditivo en músicos como Mozart o Ravel. Algunos sujetos de talla pequeña son el prototipo del "Gran Hombre", como lo ejemplifican Luis XIV, Nelson, Napoleón o Wellington.

El lenguaje de los órganos tendrá, además, un significado psíquico desde la infancia: el niño transforma su punto flaco en fuerte, atrayendo la atención de sus padres sobre el órgano deficitario: así se entrelaza lo somático y lo social, en lo cual la compensación no sólo se aplica para lo orgánico, sino para el lugar en la familia. En este plano, Adler desarrolla dos o tres formas del *complejo de inferioridad.* La primera forma global de inferioridad es la que tienen los niños pequeños frente a los adultos. La segunda es llamada por Adler *constelación familiar:* la posición relativa del niño entre sus hermanos. El primogénito tiende a sentirse heredero preferencial de la atención familiar: puede actuar como líder, y desarrolla características conservadoras y de resistencia al cambio. Tolera mal el ser desplazado y no estar al mando de la situación. El hermano menor en una pareja de hombres –Adler lo era– rivalizará con el primogénito y puede llegar a ser dirigente rebelde. En el hermano más joven de todos se produce una mezcla de generosidad y grandiosidad: José, Pulgarcito, la Cenicienta, son ejemplos de lo anterior. El "benjamín" de la familia recibe a veces un exceso de mimos y cariño de pares de más edad. El hijo único, al desconocer la competencia, tenderá a buscar toda su vida protección y seguridad. Para Adler, la inferioridad promueve *las* metas de desarrollo personal o social del individuo, a través de lo que él llama el "Principio Conductor" o "Modelo a Imitar", en el cual va configurando su propio futuro.

El psiquismo se hace selectivo, construyendo un "Esquema de Percepción", al cual la experiencia debe ajustarse; el principio conductor del sujeto adquiere una dimensión imaginaria: la "Ficción Directora", que constituye la ley dinámica de cada sujeto, y que lo lleva a configurar su propio "Estilo de Vida" o, si se quiere, su estrategia de vida individual. Éste es un proceso totalmente fuera de la conciencia muchas veces, ya que "el estilo de vida es construido por el niño en una época en que éste no dispone de lenguaje ni de conceptos suficientes. Si continúa desarrollándose en ese sentido, su desarrollo genera un movimiento que jamás ha sido formulado con palabras, que es inatacable por la crítica y que también se hurta a la crítica de la experiencia".

Según Adler, en la etiología de la neurosis interviene un sentido de inferioridad no compensado. Esto se asocia a fracasos de los equilibrios antes descritos, y a una consecuente inadaptación de la realidad. Hay tres tipos principales de fracasos por inadaptación (23): (a) *El niño con órganos defectuosos:* una desventaja física que no se logra compensar será arrastrada toda la vida como una carga. Así, la deficiencia acarrea un problema mental crónico. (b) *El niño mimado*, que se vuelve egocéntrico y buscará la ayuda del prójimo sea a través de "ataques directos" (agresión, caprichos, mal genio) o "aproximaciones sinuosas" (tristeza, llantos u otras maniobras). (c) *El niño desatendido*, que supera la indiferencia del prójimo viviendo en estado de desconfianza y exagerando sus dificultades. No todos los niños con defectos, mimados o desatendidos, por otra parte, desarrollan una neurosis, y muchas veces la compensación se traduce en superioridades objetivas. Para Adler, los problemas de la existencia se desarrollan en tres áreas: la vida común, el trabajo y el amor. El *principio conductor* de la existencia de cada sujeto tiene como fin hacerle crecer en cada uno de estos dominios. Aquellos individuos que no logran compensar sus situaciones de inferioridad, pasan a experimentar sucesivos fracasos en estas áreas, y su *ficción directora* pasa a distanciarse de la situación de realidad. Luego busca en el prójimo consuelo y ayuda, y compensa su sentimiento de inferioridad dominando a aquellos de quienes depende. Tiene una creencia excesiva en su "superioridad" y una ambición desmesurada por fines imaginarios. Interpreta su vida y la de los otros en términos de comparación o de inferioridad *versus* superioridad, de debilidad *versus* fuerza, de derrota *versus* victoria. El éxito del otro significa su propio fracaso, y aun sus propios éxitos, ficticios a veces, a los que da proporciones desmesuradas.

Las tareas objetivas provocan un exceso de tensión psíquica, y muchas veces el sujeto en vez de enfrentarlas se retrotrae a un mundo privado, que distorsiona la realidad ("El orgullo es hasta tal punto grave, que la memoria se inclina"). Los síntomas, sean orgánicos o psíquicos, apuntan al mismo propósito inconsciente: permitir al sujeto salvaguardar su sensación de excelencia, preservando su prestigio frente a sí mismo y frente a los demás.

El área del amor y la sexualidad fue la de desacuerdo entre Adler y Freud. Adler separó los conceptos "amor" y "sexualidad", que Freud englobara bajo el término de libido, y consideró que Freud le atribuía excesiva importancia a este tema. Más bien incluyó este tema en el juego de la inferioridad *versus* superioridad, juego en el cual la sexualidad se convierte en *símbolo*. Las influencias culturales vienen a acentuar un fenómeno denominado por Adler la "Protesta Masculina". Tanto cultural como individualmente, para Adler la virilidad y la superioridad tienden a hacerse equivalentes, y el neurótico siente más acentuadamente esa tendencia. Tanto el Don Juan como el criminal intentan afirmar su masculinidad, así como la mujer de tipo masculinizado (marimacho) se esfuerza por superar a los hombres y compensar su supuesta inferioridad. Adler plantea su rechazo al rol central de Edipo en la génesis de las neurosis, pero termina reintroduciéndolo con motivaciones diferentes a las supuestas por Freud, al decir lo siguiente: "El niño predispuesto a la neurosis tiene deseos ilimitados. Descontento con la gran distancia que le separa de su ideal de personalidad, llega algunas veces a concebir deseos sexuales con respecto a la madre, lo que prueba el enorme grado de tensión que presenta su voluntad de potencia".

Finalmente, en cuanto a tratamiento, para Adler el tratamiento de las neurosis implica demarcar los errores y coartadas del sujeto y tranquilizarle dándole confianza. El neurótico ha escogido, de todos los posibles medios imaginables para enmascarar su inferioridad (efectiva o imaginaria), el más costoso, sacrificado e ineficaz. La toma de conciencia de esto implica hacerle revisar su "estilo de vida". Esto se hace revisando comportamientos y "constelaciones familiares" del sujeto. Los sueños, para Adler, tienen un valor importante porque reflejan y resumen la "línea de orientación de la ficción conductora" del sujeto. La labor del terapeuta es, pues, hacer ver lo superficial de su intento de orientación, invitándole a destruir las dispositivas y el estilo de vida neurótico que, por así decirlo, el sujeto había asignado a su vida. El rol del analista adleriano será benévolo y animador, con el objeto de obtener una cooperación activa del sujeto. La psicoterapia adleriana pretende desembocar además en un compromiso social: a través de una mejor cooperación con sus semejantes, el sujeto encuentra un equilibrio de vida más profundo. En este sentidola obra de Adler está muy incorporada en los consejos pedagógicos hoy habituales para padres y educadores (24).

CAPÍTULO 3
Los pioneros

Durante el período de gestación de la teoría psicoanalítica, entre 1896 y la llegada de la nueva centuria, Freud vivió, dicho en sus propios términos, "en un espléndido aislamiento". Los círculos médicos y académicos vieneses ignoraban o rechazaban sus teorías. Su previa dedicación al uso médico de la cocaína le había labrado una reputación de audaz o temerario, y su aplicación de teorías francesas como las de Charcot y Janet le hacían ser visto como "afrancesado" en un ambiente chauvinista como el del Imperio austro-húngaro. Sólo a partir de 1903 se comenzó a reunir un grupo de amigos y profesionales los días miércoles en la noche en su consultorio. Éste fue el grupo que posteriormente se transformó en la Sociedad Psicoanalítica de Viena primero, y en Asociación Psicoanalítica Internacional, luego. A partir de 1906 se agregó a las reuniones el grupo de Zurich, con visitas periódicas de Jung y más ocasionales de Binswanger. Desde 1907 en adelante, los discípulos de Freud se entrenaron en Viena o en una serie de institutos en diferentes países. Se comenzaron a realizar congresos internacionales cada cierto número de años, y a editar revistas científicas en distintos idiomas. Jung fue quien promovió el psicoanálisis didáctico como un elemento necesario en la formación de los analistas. En Berlín se formó el primer instituto que sistematizó los elementos de entrenamiento que se usan hasta hoy: seminarios teóricos y clínicos, análisis de casos por los candidatos, supervisados por un analista experimentado, y el análisis didáctico del propio futuro analista. Este desarrollo se vio interrumpido por los cambios históricos de la década de los '30: con el advenimiento de regímenes totalitarios en Europa Central, los psicoanalistas, muchos de los cuales eran de origen judío, se vieron obligados a emigrar al Reino Unido o a América. El mismo Freud debió dejar Viena en 1939 para irse a Londres, donde murió al año siguiente.

Estos cambios culturales y sociales influyeron de algún modo en muchos analistas y en el mismo Freud, quien dedicó la mayoría de los estudios de sus últimos años a temas de psicología de las masas u otros relacionados con la civilización y la cultura. En el período inicial de expansión del movimiento analítico se formaron fundamentalmente dos grupos, uno en Viena y otro en Zurich, que luego iban a experimentar las disidencias anteriormente revisadas de Adler, en la primera ciudad, y de Jung, en Suiza. A pesar de estas primeras e históricas escisiones, un número importante de seguidores siguió fielmente la enseñanza freudiana, y han sido denominados "los pioneros", ya que ellos fueron quienes difundieron el pensamiento analítico por Europa, primero y en Norteamérica, después. Entre los principales psicoanalistas de este período, vale la pena destacar a:

I. Karl Abraham (1877-1924)

Este psiquiatra alemán fue uno de los más fieles e importantes seguidores de Freud. Nació en un antigua familia judía del norte de Alemania y estudió en Wurzburg y Berlín, doctorándose en Medicina en Freiburg-Breslau. Tuvo una completa formación psiquiátrica en el Asilo Municipal de Berlín y en el Sanatorio Burghozli, donde trabajó con Bleuler y Jung y se familiarizó con los puntos de vista de Freud. En 1907 renunció a su cargo en la Clínica Neurológica de Berlín del profesor Oppenheim, para dedicarse totalmente al psicoanálisis. En 1910 participó tanto en la creación de la Asociación Psicoanalítica Internacional como en la de Berlín, siendo presidente de esta última desde entonces hasta su muerte en 1924. Se dedicó toda su vida profesional al análisis didáctico: Abraham analizó a muchos analistas conocidos, tales como Helene Deutsch, James y Edward Glover, Melanie Klein, Sandor Rado y Theodor Reik, entre otros. Además participó activamente en la fundación y mantención del Policlínico Psicoanalítico de Berlín. Sólo suspendió su labor analítica debido a la Primera Guerra Mundial, durante la cual prestó servicios en Prusia Oriental como médico jefe del puesto psiquiátrico del XX Cuerpo del Ejército alemán. Allí contrajo una disentería que quebrantó su salud, falleciendo en 1924 por complicaciones de una neumonía. Entre las principales contribuciones de Abraham mencionemos:

a) *Aportes a la teoría evolutiva*

A partir de cuidadosas observaciones clínicas, Abraham complementó el esquema freudiano sobre la evolución de la libido, subdividiendo las etapas oral, anal y genital. En la *etapa oral* distingue Abraham una fase *oral incorporativa*, en la cual el niño incorpora el alimento que succiona del pecho materno. En una segunda fase *oral sádica* el niño agrede al objeto, lo incorpora dañando a la madre o su equivalente posterior. Esto implica una transición desde una posición pre-ambivalente, en la cual se preserva al objeto, a otra ambivalente, en la cual éste es deseado y odiado a la vez. En la *etapa anal* Abraham distingue nuevamente dos subfases: una *anal sádica,* en la cual se destruye al objeto ya incorporado, y otra *anal retentiva,* en la cual el objeto es preservado sin dañarlo. En esta etapa el sujeto cuida y atesora objetos. Esto señala el comienzo de la relación total de objeto, o período post-ambivalente. Esta actitud es más bien propia del período de la etapa genital avanzada, en la cual es posible experimentar amor al objeto, y sentimientos eróticos hacia él. La etapa genital inicial *(o fálico-genital)* incluye ya amor al objeto, pero sin erotización de la relación. Por ello se busca sólo el exhibir la relación, sin que exista aún la capacidad para la genitalidad.

b) *Aportes a la teoría caracterológica evolutiva*

En un conjunto de trabajos clínicos Abraham amplió y describió diversas formaciones caracterológicas propias de cada una de las subetapas recién descritas. En especial complementó las descripciones del propio Freud, señalando cómo ciertos rasgos que el primero había atribuido al carácter oral tenían una base más temprana, en la fase sádico-oral. En la etapa oral distinguió diversas formaciones caracterológicas según si el niño hubiera sido gratificado con una lactancia prolongada, en cuyo caso presentaría rasgos tales como optimismo, generosidad y una actitud confiada frente a la vida, o bien en el caso opuesto, al existir privaciones y carencias en esta etapa aparecerán actitudes ávidas, celosas y envidiosas hacia los demás, con desconfianza clara en relación a poder obtener las provisiones necesarias del medio ambiente. En la etapa anal Abraham elaboró la tríada freudiana clásica: amor al orden, parsimonia y obstinación, los aspectos placenteros del acto de excreción. Ésta es sublimada por identificación con las demandas de los progenitores, en el placer de ser bueno, limpio y ordenado. Cuando esta sublimación es completa la persona realmente se identifica con los valores altruistas de sus padres; si es parcial y se hace en base a formación reactiva, bajo la aparente docilidad y cortesía se encuentran niveles altos de agresión reprimida. El carácter genital es el producto final del cruce exitoso de las etapas anteriores, de cada una de las cuales el individuo extrae rasgos positivos: de la etapa oral, la confianza y la energía; de la anal, la perseverancia y la resistencia; de la sádica, la capacidad de luchar por metas y objetivos. El narcisismo inicial del niño, sin desaparecer, está bajo control y así es capaz de relacionarse del modo amoroso con sus objetos. Cuando la travesía anterior no logra realizarse positivamente, aparecen los diversos cuadros psicopatológicos, sean sintomáticos, sean caracterológicos. Al estudio de éstos dedicó también Abraham atención en sus trabajos.

c) *Aportes a la comprensión de cuadros clínicos específicos*

En sucesivos estudios de casos clínicos, Abraham describió las relaciones entre el alcoholismo y el carácter oral, incorporativo, la melancolía y la enfermedad maníaco-depresiva y las fases sádico-oral y sádico-anal, y la neurosis obsesiva y la fase anal. Muchos de estos trabajos complementaron las observaciones freudianas iniciales al respecto, a las que agregaron aportes originales del propio Abraham.

II. Ernest Jones (1789-1958)

Este médico galés fue el biógrafo oficial de Freud y el organizador de los institutos inglés y canadiense. Escribió interesantes trabajos clínicos sobre el mecanismo de los celos, de las pesadillas y un estudio psicoanalítico de Hamlet. Caracterizado por su lealtad a Freud primero, defendió el punto de vista de éste durante el período en que el psicoanálisis fue perseguido en Europa como "una ciencia judía". Por otra parte, ya en la Sociedad Británica, solidarizó con Melanie Klein cuando esta analista infantil emigró desde Europa central a Londres y comenzó a difundir sus puntos de vista diferentes a los de Anna Freud. Jones fue decisivo en el hecho de que la disidencia kleiniana no sufriera el destino de Adler o de Jung en etapas anteriores, y que la Sociedad Británica aceptara dos áreas diferentes de formación, una dominada por el punto de vista de Ana Freud y otra, por el de Melanie Klein.

III. Sandor Ferenczi (1889-1933)

Este psicoanalista húngaro fue el organizador del Instituto de Budapest. Uno de los primeros seguidores de Freud, estudió la relación entre la homosexualidad y la paranoia. Sus ideas sobre técnicas "activas" lo llevaron a un distanciamiento posterior con Freud. Lleno de creatividad, planteó la posibilidad de recrear el vínculo madre-hijo en las interacciones analíticas, e hizo diversos experimentos al respecto, que fueron drásticamente rechazados por el maestro. Su punto de vista se vio desarrollado posteriormente por algunos de sus discípulos, tales como Melanie Klein (que le dio gran importancia a las relaciones tempranas del niño con la madre) y Franz Alexander (que en los Estados Unidos promovió técnicas psicoterapéuticas derivadas del análisis clásico).

IV. Otto Rank (1884-1939)

Su nombre real fue Otto Rosenfeld, nació en Viena y murió en Nueva York. Rank fue uno de los más creativos de los discípulos tempranos de Freud, extendiendo la teoría psicoanalítica al estudio de las leyendas, mitos, arte y creatividad. Sugirió que la base de la neurosis de angustia era el trauma psicológico que se produce en el momento del nacimiento del individuo. Rank venía de una familia pobre, estudió en un establecimiento técnico, y trabajó en una fábrica mientras estudiaba de noche. El leer *La interpretación de los sueños* de Freud lo llevó a escribir el año 1907 *El artista (Der Kunstler)*, un intento de explicar el arte a través de principios psicoanalíticos. Este trabajo llamó la atención de Freud, quien lo ayudó a ingresar a la Universidad de Viena en donde se graduó con un Doctorado en Filosofía en 1912. Mientras estudiaba allí adoptó su nombre literario de Otto Rank y publicó *El mito del nacimiento del héroe* así como *El tema del incesto en la poesía y en las sagas*, en los cuales mostró cómo el complejo de Edipo proporciona abundantes temas a la literatura.

Rank fue secretario de la Asociación Psicoanalítica de Viena, y de 1912 a 1924 editor de la *Revista Internacional de Psicoanálisis*. En 1919 fundó una editorial psicoanalítica que también dirigió hasta 1924. La publicación, en ese último año, de su libro sobre *El trauma del nacimiento* produjo su ruptura con Freud y el movimiento psicoanalítico, siendo expulsado de la Sociedad Psicoanalítica de Viena. Este libro planteaba que la transición desde el útero hacia el mundo externo produce una tremenda cantidad de angustia en el niño, la cual puede persistir como neurosis de angustia durante la vida adulta. Después de esta ruptura, Rank pasó a practicar en París y Estados Unidos, país al cual se trasladó definitivamente en 1936. En la década de los 30, Rank desarrolló un concepto de la voluntad como la fuerza matriz del desarrollo de la personalidad. Para él, la voluntad puede ser una fuerza positiva para controlar y utilizar los instintos individuales. Por ello, según Rank la resistencia durante el tratamiento psicoanalítico podía ser una manifestación de esta voluntad y no necesariamente un elemento negativo. En vez de confrontar la resistencia, como planteaba Freud, Rank la canalizaba en el servicio del autoconocimiento y el desarrollo de la personalidad.

El intento de Rank de desarrollar un sistema monolítico alrededor de su tesis del trauma del nacimiento, terminó desacreditándolo por la falta de una base científica para sus aseveraciones. Sin embargo, su énfasis en el autocrecimiento y la actualización de las propias capacidades y su aplicación del psicoanálisis a la interpretación del arte y de los mitos han seguido vigentes.

V. Wilhelm Reich (1897-1957)

Este psicoanalista vienés tuvo también influencia en el desarrollo del movimiento psicoanalítico. Entre otras contribuciones, desarrolló un sistema de psicoanálisis centrado en la estructura global del carácter, más que en los síntomas neuróticos individuales. Su trabajo inicial sobre la técnica psicoanalítica fue posteriormente opacado por su participación en movimientos sexual-políticos y por su desarrollo de la "orgonomía", un sistema seudocientífico que él mismo desarrolló y promovió. Reich se entrenó en el Instituto Psicoanalítico de Berlín, incorporándose a la Sociedad Psicoanalítica de Viena en 1924. En *La función del orgasmo* planteó que la capacidad de alcanzar éste, llamada potencia orgástica, era un atributo esencial de los individuos sanos. La incapacidad de disipar la energía sexual retenida produciría la neurosis adulta. Estas tesis lo llevaron al movimiento sexual-político, un intento de combinar puntos de vista de extrema izquierda con la promoción de una liberación sexual total. Reich abandonó Alemania en 1933 para enseñar en los países escandinavos hasta 1939, año en que se trasladó definitivamente a los Estados Unidos.

En su obra más reconocida, *El análisis del carácter*, Reich llamó la atención sobre el uso de la estructura caracterológica como una coraza protectora que hace que el individuo no se percate de su propia neurosis. Reich usó esta aproximación para tratar pacientes cuyas neurosis aparecían resistentes a las técnicas analíticas tradicionales. Éste fue el aporte más duradero de Reich a la teoría y técnica psicoanalítica: su reformulación del concepto de carácter, lo cual presenta avances importantes sobre los conceptos freudianos iniciales. Para Reich el carácter es una alteración crónica del Yo, una estructura que sirve para defender a éste frente a peligros internos y externos, pero que al mismo tiempo se rigidiza en la medida que estas defensas neuróticas se acentúan. Esta coraza o "armadura caracterológica" es el objeto de las modificaciones técnicas propuestas por Reich, a las que denominó "análisis del carácter".

Para Reich el equilibrio energético del Yo se traduce en un balance entre descargas de energía y éstasis sexuales que se demuestra en contractura muscular crónica. Este último punto es de interés para él, ya que se centraba en analizar la expresión no verbal, sea facial, sea postural del sujeto. Pensaba que el analista podía influir en la actitud mental del paciente modificando su postura corporal. Reich, por lo tanto, desvió el foco de la técnica analítica de la comprensión del síntoma y conflicto neurótico hacia el de la formación y defensa caracterológica. Postulaba que era necesario primero atenuar la coraza caracterológica rígida que en el neurótico se interpone entre la demanda de los instintos y las frustraciones del mundo externo. El Yo, asiento de esta coraza, está en el límite entre ambos. La coraza se forma en el niño como producto de la angustia cuyo prototipo es el temor al castigo. Este miedo se convierte en el modelo de todas las angustias posteriores, y lleva a una progresiva distorsión caracterológica del Yo.

Dependiendo del momento y de la figura parental con quien se identificaba el niño, aparecían diversas diferenciaciones caracterológicas. En el caso de las identificaciones tempranas, surgían inhibiciones caracterológicas totales; en las tardías, aparecían estructuras impulsivas. De acuerdo al sexo de la identificación, podía aparecer en el caso del varón que se identifica con una madre estricta, el por él llamado carácter fálico-narcisista, que corresponde a la expresión de una venganza contra la mujer. En el caso de una identificación de la niña con un padre brutal, aparecen mujeres con un carácter masculino duro. Si la identificación de la niña es con una madre severa, surgen después mujeres con caracteres infantiles. Otros ejemplos descritos por Reich fueron los caracteres fóbico, histérico, compulsivo, fálico narcisista y masoquista.

Las ideas de Reich se hicieron cada vez más exóticas y lo llevaron a romper con el movimiento psicoanalítico en 1934, dedicándose en adelante a la orgonomía, un intento de medir las "orgonas" que serían unidades de energía cósmica que para él energizaban al sistema nervioso. Concebía la enfermedad mental como una deficiencia orgónica, la cual intentó tratar colocando al paciente en un gabinete especialmente construido (*caja orgónica*). Se dedicó a vender estas cajas como una cura para diferentes enfermedades, incluyendo el cáncer. La comercialización de estas cajas lo llevó a tener conflictos con las autoridades norteamericanas, siendo finalmente convicto y muriendo en 1957 en la cárcel de Lewisburg, en Pennsylvania.

VI. Franz Alexander (1891-1964)

Analista húngaro que desarrolló la aplicación de puntos de vista analíticos a enfermedades orgánicas con su concepto de órgano-neurosis, marcando así el comienzo del enfoque psicosomático de la medicina. A éste contribuyen también los psicoanalistas Paul Schilder (1886-1940) con su concepto de imagen corporal, y Félix Deutsch (1884-1964), el médico personal de Freud.

Alexander ha sido llamado el padre de la medicina psicosomática, dado su rol central en identificar la tensión emocional como una causa predisponente a la enfermedad física. Estudió en el Instituto Psicoanalítico de Berlín, donde luego llegó a ser conferencista. Su libro *Psicoanálisis de la personalidad total* (1930) le trajo alabanzas del propio Freud y lo llevó a los Estados Unidos, donde su estudio de las personalidades criminales le permitió ser el primer profesor de Psicoanálisis en la Universidad de Chicago. Allí también colaboró en la organización del Instituto de Psicoanálisis de Chicago, el que dirigió hasta 1956. Sus extensas publicaciones sobre factores específicos e inespecíficos en relación a los cuadros psicosomáticos, así como su interés en el tema de la psicoterapia analítica, lo convirtieron en una de las principales personalidades del psicoanálisis americano hasta su muerte en 1964.

VII. Otto Fenichel (1897-1946)

Este psiquiatra y psicoanalista vienés tuvo gran influencia en el desarrollo del psicoanálisis. Su *Teoría psicoanalítica de las neurosis* ha sido una obra que ha servido en la formación de múltiples generaciones de analistas hasta nuestros días. En su formación psiquiátrica fue poderosamente influenciado por Karl Abraham, sucediendo a éste en la dirección del Instituto de Berlín entre 1924 y 1933. Luego practicó psicoanálisis en Oslo y Praga, para emigrar luego a los Estados Unidos donde murió en California a la edad de 49 años. Además de la obra clásica mencionada, Fenichel escribió más de 70 trabajos e hizo más de 200 presentaciones científicas. Algunos de sus más importantes aportes fueron sus estudios sobre neurosis traumáticas, las cuales son vistas como surgiendo de una pérdida de la estabilidad del aparato psíquico, sea por la intensidad excesiva de los estímulos externos, sea por una vulnerabilidad previa. Estas neurosis llevan a un bloqueo de las funciones del Yo, ya que toda la energía se canaliza en defenderlo de las sobrecargas externas, permitiendo la aparición de ataques o crisis emocionales, alteraciones del dormir y muchos otros síntomas. Las neurosis traumáticas son separadas por Fenichel de las psiconeurosis, en las que el estímulo (trauma) externo pierde importancia, y el conflicto (o distorsión yoica) adquiere mayor relevancia. Al fracasar las operaciones defensivas del sujeto aparecen los síntomas neuróticos clásicos, tales como evitaciones fóbicas u otras inhibiciones, impotencia o frigidez sexual, inhibiciones parciales de otras funciones y, finalmente, conductas impulsivas. Los distintos síntomas anteriores se combinan de diversas modalidades: fóbicas (histeria de angustia), conversivas, compulsivas, etc.

El tratamiento psicoanalítico, para Fenichel, tiene por objeto anular las defensas patógenas, liberando energía para el Yo y de esta manera fortalecerlo. Fenichel consideraba al análisis sistemático de las defensas como la única terapia científica y curativa de las neurosis.

VIII. Ludwig Binswanger (1881-1968)

Este médico psiquiatra y filósofo suizo contribuyó en forma considerable a crear puentes entre el psicoanálisis y una de las corrientes filosóficas más importantes en la primera mitad del siglo XX: la fenomenología. Integrante de una distinguida familia de psiquiatras suizos, Binswanger estudió en Lausana, Zurich y Heidelberg y se formó como especialista en la Clínica Psiquiátrica de Jena. Después de pasar un tiempo en la Clínica Burghozli donde se familiarizó, a través de Bleuler y de Jung con el pensamiento freudiano, se hace cargo en 1910 del sanatorio de su familia ("Bellevue") el que dirige hasta 1956, año en que lo entrega a su hijo, el psiquiatra Wolfang Binswanger. El pensamiento de Binswanger se basa, por un lado, en el conocimiento psicoanalítico y, por otro, en la traslación que hace a la psiquiatría de la filosofía existencial de Martin Heidegger. El "análisis existencial" de Binswanger reemplaza el marco referencial freudiano por la antropología de Heidegger, buscando a través de la exploración fenomenológica la constatación de formas y estructuras fácticas de la existencia (la "estructura-del-ser-en-el-mundo"). Antecediendo al uso lacaniano de la lingüística, Binswanger dedujo a partir del estudio del discurso de sus analizados, su modo de vivenciar el tiempo, el espacio, la corporalidad y otras categorías. La *temporalidad* es el tiempo psicológico que, a diferencia del cronológico, varía en diversos cuadros clínicos. En las depresiones se detiene el fluir del tiempo, mientras que en las manías se acelera. Con la edad también la vivencia del paso del tiempo se hace más rápida. La *espacialidad* varía desde los pacientes expansivos, que hacen movimientos amplios, hasta otros que viven restringidos a espacios pequeños. La orientación espacial se centra en la corporalidad, y sus ejes, estudiados con atención por Binswanger; el eje central para la existencia humana, señala este autor, es el vertical: se vive hacia arriba, motivadamente, o hacia bajo, abrumadamente.

El análisis existencial, si bien técnicamente difiere poco del freudiano, se centra en investigar la historia de vida del paciente, comprendiendo ésta como modificaciones de su ser-en-el-mundo. En ese sentido cobra especial importancia la dimensión temporal futura: el *proyecto de vida* del paciente. El proceso terapéutico es visto como la apertura de nuevas posibilidades a estructuras vitales alteradas.

CAPÍTULO 4
La psicología del Yo

I. Introducción

Freud cambió lentamente el foco de sus preocupaciones a lo largo de sus escritos. Después de un período prolongado en el cual se centró en la psicología profunda y los procesos inconscientes, pasó a preocuparse de una estructura a la que denominó Yo. Su experiencia clínica y analítica le mostró que esta instancia era de capital importancia para el equilibrio de sus pacientes, independientemente de la intensidad de sus pulsiones instintivas. Tal como lo señaláramos, Freud pasó por distintas fases en su pensamiento: una etapa prepsicoanalítica; una de desarrollo de la técnica psicoanalítica; una tercera de formulaciones metapsicológicas y una final de escritos metaanalíticos. Es en la tercera de estas etapas (en la del desarrollo de la teoría estructural), donde debe buscarse el origen de la psicología del Yo. El concepto del Yo en Freud evolucionó desde su primera formulación en *La interpretación de los sueños* (1896), donde planteó su concepción del aparato psíquico como una estructura en conflicto entre un Yo que era siempre consciente, con lo reprimido, que era siempre inconsciente. Allí también definió al Yo como el "órgano sensorial de la percepción de los procesos del pensamiento y de la distinción entre lo interno y lo externo".

Freud utilizó una y otra vez metáforas arqueológicas para referirse a sus hallazgos: se vio como otro Schliemann, descifrando la piedra roseta del lenguaje del inconsciente. Esto hizo que toda la etapa inicial del desarrollo del psicoanálisis pueda ser caracterizada como una psicología de las profundidades. Sólo a partir de la segunda década del siglo XX, Freud comenzó a reconocer la importancia de los fenómenos ligados a la autoconservación del individuo. Desde la *Introducción al narcisismo* en adelante, el concepto de Yo pasó a ser un componente cada vez más central en el psicoanálisis, y su definición a ser refinada de modo muy específico. En el modelo estructural el Yo pasa a ser definido por sus funciones, centralmente defensivas en relación a pulsiones y estímulos procedentes de la calidad externa. Inicialmente, por lo tanto, Freud hizo una ecuación entre Yo y conciencia. Más tarde cambió esta relación, definiendo al Yo por sus funciones. En sus escritos posteriores, Freud enfocó, fundamentalmente, las funciones defensivas del Yo: es así como en los casos clínicos que describió entre 1909 y 1914, se centró en describir maniobras defensivas específicas del Yo en distintos cuadros clínicos (fobias, obsesiones, hipocondría, paranoia, etc.). En una fase siguiente (1915 a 1917), formuló lo que él denominó su *metapsicología,* en la cual esquematizó sus teorías elaboradas hasta el momento, centrándose siempre en flujos de energía y conflicto: lo que se ha denominado los puntos de vista *dinámico, topográfico* y *económico.* Luego, entre 1923 y 1926, formuló el punto de vista que llamó *estructural* y que posteriormente Hartmann denominó adaptativo. Con sus trabajos sobre *El Yo* y *el Ello* (1923) y sobre *Inhibición, síntoma y angustia* (1926), Freud planteó la estructuración tripartita de la personalidad y redefinió su concepto de Yo, no como sinónimo de la persona o el sí mismo *(self),* sino como una instancia psíquica con elementos conscientes e inconscientes y funciones defensivas agregadas. Formuló también su teoría del conflicto psíquico, no como una fuerza y una contrafuerza entre lo consciente y lo inconsciente, sino como una tensión entre las instancias psíquicas (el Ello, el Yo o el Super Yo) dentro de la estructura tripartita. Esta tensión genera ansiedad y el Yo desarrolla maniobras defensivas para disminuir este afecto. Ésta es la llamada "Segunda teoría de la angustia", que reemplazó a la anterior o teoría tóxica, que veía la angustia como un éstasis de cargas libidinales reprimidas. En esta segunda teoría, la angustia es una consecuencia del conflicto: el Yo responde a éste como a una señal que le hace movilizar sus defensas (angustia señal o angustia anticipatoria).

Esta interrelación entre conflicto, angustia y defensa llevó a la formulación de que los síntomas son, en definitiva, la expresión final del conflicto y un modo disfrazado de comunicar los deseos inconscientes y del Ello. Anteriormente, en su trabajo *Duelo y melancolía (1917)*, Freud definió también al Yo como el residuo de objetos abandonados a lo largo del tiempo, diciendo "La sombra del objeto cae sobre el Yo". En resumen: Freud elaboró entre 1920 y 1940 una nueva teoría, más compleja y menos publicitada que la primera, pero que ha permitido, con el correr de los años, superar muchos de los problemas demostrados por sus puntos de vista iniciales. Estas ideas fueron completadas al pasar el tiempo por otros autores, que han formulado la corriente teórica así denominada de "Psicología del Yo". Entre estos autores mencionemos a la propia hija de Sigmund Freud, Anna, y al hoy llamado "padre de la Psicología del Yo", el psicoanalista austríaco Heinz Hartmann. Nos referiremos a ellos a continuación.

II. Anna Freud

Anna Freud fue la única de los seis hijos de Sigmund que siguió sus huellas. Anna se formó como profesora, y al comienzo de su vida laboral se dedicó a enseñar en una escuela experimental para niños en barrios pobres de Viena. Durante el período posterior a la Primera Guerra Mundial agregó a su labor docente la tarea de dar conferencias sobre psicopedagogía y de cuidar a su padre, progresivamente limitado por un cáncer mandibular de avance lento. Además, se formó como psicoanalista y devino una cercana colaboradora de su padre. Después del *Anschluss*, la anexión de Austria por parte de Alemania, Anna Freud fue detenida por la Gestapo, a continuación de lo cual emigró de Viena con su padre y se instaló en Londres, donde Sigmund Freud muere en 1940.

Durante la Segunda Guerra Mundial trabajó en un hogar de huérfanos de guerra y de niños separados de sus padres, y allí comenzó su tarea psicoanalítica con niños. Posteriormente, en 1952, fundó la Hampstead Child Therapy Clinic con su colaboradora Dorothy Burlingham. Este establecimiento de terapia, investigación y formación en psicoanálisis infantil, fue el primero en intentar una clasificación sistemática del material clínico de los niños, fichándolos con el fin de ser utilizado en posteriores investigaciones. Al mismo tiempo, Anna Freud comenzó a actuar activamente en el psicoanálisis organizado. En ese período, en la Sociedad Británica de Psicoanálisis se produjo una confrontación entre los puntos de vista de Anna Freud con los de Melanie Klein. Ambas mujeres se habían dedicado al psicoanálisis infantil, manteniéndose Anna más cercana a los puntos de vista de su padre, y desarrollando Melanie teorías propias que veremos más adelante.

Según la primera, tanto Klein como Donald Winnicott no sólo eluden la explicación de la estructura psíquica de las neurosis a través de la teoría freudiana clásica sino que adaptan la teoría freudiana del desarrollo a las estructuras de carácter. En la Clínica Tavistock, Melanie Klein se ocupó, sobre todo, de las relaciones madre-hijo, usando técnicas de juego infantil. En la Clínica Hampstead, Anna Freud, además de darles importancia a los juegos, a dibujar y a derivar las significaciones de fantasías infantiles, agrega, además, las asociaciones provocadas o espontáneas e incorpora en mucha mayor medida que lo que hace Klein, los factores provenientes del medio ambiente y de la realidad exterior.

Las obras de Anna Freud están llenas de ejemplos que divulgan la terminología psicoanalítica para hacerla accesible a padres y pedagogos sin mayor formación. Además, dio a la noción de Yo mucha mayor importancia que el mismo Sigmund. Desde 1940 hasta su muerte fue presidenta honoraria de la Sociedad Británica de Psicoanálisis y de la Asociación Psicoanalítica Internacional, gozando de la reputación de ser la defensora más apasionada de la ortodoxia freudiana.

En su obra *El Yo y sus mecanismos de defensa* (1936) (25) describió el desarrollo del adolescente, redefiniendo y sistematizando algunos de los mecanismos ya descritos por Freud. Partió ella del mecanismo clásico denominado por Freud *represión,* que es descrito como un acto inconsciente del Yo, cuando es señalizado por la angustia y en la que el Yo utiliza energía contracatéctica para mantener un material fuera de la conciencia. Se aplica por lo tanto el modelo económico de Freud. Para ella, las funciones defensivas del Yo se observan en el análisis a través de la resistencia y plantea su desde entonces clásica fórmula de que "el analista debe analizar en forma equidistante del Yo, del Ello y del Super Yo".

Señala Anna Freud que el objetivo del análisis fue desde el comienzo el Yo y sus perturbaciones y que es por lo tanto desde el Yo desde donde se debe trabajar sobre las otras instancias psíquicas. Así por ejemplo, los impulsos que avanzan desde el Ello hacia la realidad (para actualizarse a través de conductas) lo hacen a través del Yo. Éste, o bien los percibe y no los objeta, o bien los detiene de algún modo: allí aparece el conflicto. Esto sucede, por ejemplo, cuando hay problemas de la realidad para esta actuación de los impulsos o cuando el Super Yo los prohibe por principios éticos o morales. El Yo pasa a defenderse no sólo de los instintos, sino también de los afectos asociados a éstos, tales como amor o rabia. Estos afectos experimentan transformaciones y adaptaciones: el Yo puede defenderse, o bien contra los instintos, o bien contra las prohibiciones del Super Yo, pasando entonces a aliarse en algunas oportunidades con el Super Yo y en otras, con el Ello. El Yo teme muchas veces ser destruido, sea por la realidad externa, sea por la presión de los impulsos del Ello, sea por los castigos del Super Yo. Está, por lo tanto, en un intento constante de mantener un equilibrio (*función sintética*), armonizando las distintas instancias. En aquellos casos en que se cumplen los deseos, aparece lo que se llama *placer primario*, pero muchas veces aparece al mismo tiempo *displacer secundario*, como por ejemplo cuando hay una culpa consciente o inconsciente del Super Yo, o bien cuando surgen conflictos con el mundo externo. El Yo infantil es evolutivamente débil y lentamente se va fortaleciendo en la medida que comienzan a operar los distintos mecanismos de defensa. Éstos, por lo tanto, sirven para dar seguridad y evitar el displacer. Pueden ser adaptativos o patológicos, cuando son muy rígidos o muy crónicos. Además de la represión, Anna Freud describió otros mecanismos:

1. La *negación* de un hecho doloroso real. En sus observaciones de niños huérfanos de guerra, Anna Freud constató cómo a veces incluso este hecho es convertido en su opuesto agradable. Este mecanismo se ve frecuentemente en los niños, que niegan la existencia de la muerte o desaparición de un padre o en pacientes enfrentados a un diagnóstico fatal que no reconocen la gravedad de su enfermedad. Elizabeth Kübler-Ross, autora que ha estudiado la evolución psicológica del paciente moribundo, ha encontrado que hay una fase de negación normal inicial al enfrentarse con la posibilidad de la muerte.
2. La *evitación*. En este mecanismo la realidad temida es reconocida pero activamente eludida; representa una etapa posterior a la negación en términos de que se reconoce el hecho desagradable, pero no se le enfrenta. Este mecanismo se ve en pacientes fóbicos que logran mantenerse tranquilos en la medida que no se acercan a las situaciones que generan angustia. En la fobia a volar, por ejemplo, en la medida que viaja por tierra no siente pánico al avión; o en las agorafobias, en cuanto se evita ir a lugares céntricos, atestados de gente, no se sienten molestias angustiosas.
3. La *identificación* con el agresor. En este caso, el Yo se identifica con el objeto temido, obteniendo así seguridad. Incorpora algunas características, sean físicas o psicológicas, de la persona que lo atemoriza y actúa como ésta. En este sentido la crítica no es vista desde dentro, sino que se externaliza al mundo. Esta

maniobra se ve por ejemplo en aquellas personas que se identifican con la censura cinematográfica y se colocan muy estrictas con respecto al tipo de películas que pueden ver los niños. En realidad existe en ellos curiosidad por ver ese tipo de material. O bien, este mecanismo aparece en personas que fueron muy castigadas de niños y que luego se transforman en torturadores físicos o psicológicos de quienes les rodean.

4. El *altruismo*. En este mecanismo se renuncia a los propios impulsos pasando a actuar en favor de otros, facilitando a los demás la realización de sus intereses y motivaciones. Éste es un mecanismo muchas veces normal y adaptativo. Puede ser sobreutilizado produciéndose un exceso de interés por el prójimo y un déficit en el cuidado de sí mismo. En este caso las pulsiones son satisfechas en forma indirecta a través de otras personas. Se ve en personas que dejan todo por una causa ideológica o religiosa, y que desatienden su salud física o su tiempo de descanso, corriendo un riesgo excesivo de enfermar.

5. El *ascetismo*. En este caso surge recelo importante hacia las pulsiones y una adaptación total a los requerimientos valóricos y éticos del Super Yo. Es muy frecuente verlo en adolescentes que renuncian a cualquier satisfacción de tipo corporal en forma a veces excesiva, centrándose en una espiritualidad desencarnada y con abierto rechazo por las necesidades físicas tales como hambre, sed, etc.

6. La *intelectualización*. En este mecanismo se reprime lo afectivo e impulsivo y se sobrecargan las funciones cognitivas de abstracción y formulación de teorías. Es el caso de adolescentes que se centran en atracciones idealizadas y se alejan de cualquier posibilidad de acercamiento verdadero al sexo opuesto. Para ello, se

pueden concentrar en sus estudios, o en amistades en las que se descarta de entrada la posibilidad de una atracción sentimental.

Anna Freud ha descrito en forma muy cuidadosa cómo a lo largo del crecimiento infantil y a lo que ella llamó *líneas de desarrollo,* se van estructurando estas distintas capacidades defensivas del Yo. Esto culmina en la adolescencia con la cristalización de las estructuras de la personalidad. En su extensa obra posterior Anna Freud se centró, fundamentalmente, en el estudio sistemático de las líneas del desarrollo infantil.

Ella fue entonces la primera en elaborar algunas de las consecuencias técnicas del cambio de modelo desde la psicología de las profundidades y del inconsciente hacia el foco en las funciones del Yo, señalando que el levantar o deshacer defensas no era necesariamente el camino hacia la recuperación de las neurosis. Muchas veces, el equilibrio defensivo es el resultado de un complejo proceso evolutivo, y lleva a un ajuste que le permite a la persona interactuar en forma socialmente efectiva. Por ejemplo, en la maniobra defensiva llamada formación reactiva, una persona que aparece como abiertamente muy educada, con un fuerte componente social y con una generosa devoción a mejorar la calidad de vida de los desaventajados, no gana mucho con una interpretación que le muestre que esos comportamientos corresponden a una sublimación de pulsiones agresivas y hostiles hacia los mismos grupos a los que vive ayudando. La tarea del analista para Anna Freud es más compleja, ya que debe trabajar hacia un cambio del balance caracterológico de esta persona, que le permita mayor libertad interna, sin modificar su altruismo, que es un valioso logro cultural.

A partir de sus estudios sobre los mecanismos de defensa, Anna Freud redefinió la actitud analítica de la siguiente manera: "Es la tarea del analista traer a la conciencia lo que es inconsciente, sin que importe en qué institución psíquica éste se encuentre. Se debe pues dirigir la atención igual y objetivamente a los elementos inconscientes de las tres instituciones, colocándose en una posición equidistante entre el Ello, el Yo y el Super Yo". La tarea analítica pasó, pues, desde Anna Freud, a centrarse menos en un proceso de identificar primero la defensa y luego las pulsiones o contenidos del Ello subyacentes, y más a examinar las distorsiones yoicas producidas a lo largo del tiempo. Esto lleva a un estudio detallado y meticuloso de los contenidos conscientes y comportamientos del paciente, lo que puede explicar la aparente superficialidad de este trabajo interpretativo: se evitan las interpretaciones "profundas" más típicas de quienes se enfocan en el Ello.

Al considerar a las defensas también desde el punto de vista del Yo, Anna Freud demostró que éstas podían ser activadas como respuestas a la realidad externa. Por ejemplo, con casos de psicoanálisis de niños mostró cómo la negación podía también surgir para eludir estímulos ambientales displacenteros ("esto no ha sucedido") y no sólo frente a pulsiones internas o restricciones superyoicas. Así, la negación no será para ella sólo un mecanismo psicótico o primitivo, sino un producto de equilibrio que surge en el psiquismo temprano de los niños normales.

En resumen, Anna Freud refocalizó el psicoanálisis desde los síntomas hacia la estructura del carácter, y desde la psicopatología hacia la psicología normal del niño y del adulto, abriendo todo el campo del estudio del Yo a futuros teóricos. El que recorrió este camino de modo más sistemático fue Heinz Hartmann.

III. Heinz Hartmann

Hartmann ha sido llamado el "padre de la Psicología del Yo". Fue, en efecto, el gran sistematizador de estos puntos de vista. Este autor nació en Viena en 1894 y murió en Nueva York en 1970. Estudió medicina en la Universidad de Viena y trabajó, además, como secretario de su padre cuando éste fue embajador de Austria en Berlín. Por lo mismo tuvo extenso contacto dentro de las universidades alemanas con psicólogos y filósofos de primer nivel. El mismo era sobrino de Nicolái Hartmann, filósofo muy conocido a comienzos de la centuria.

Su primer artículo, publicado en 1924, fue sobre "La teoría freudiana de los símbolos en relación al síndrome de Korsakoff", trabajo de interés porque en él mostró de modo experimental cómo los pacientes con un síndrome claramente orgánico, la psicosis de Korsakoff, incorporan símbolos desde su inconsciente en sus experiencias alucinatorias. En 1934, después de diez años de formación como psiquiatra clínico en la Clínica Psiquiátrica y Neurológica de la Universidad de Viena, abandonó ésta y se dedicó solamente al psicoanálisis. Fue editor de la *Revista Internacional de Psicoanálisis* en 1933 y se psicoanalizó con Freud hasta 1934. En 1938 pronunció una conferencia que después se transformó en su hoy clásico libro sobre *El Yo y el problema de la adaptación*. Ese mismo año abandonó Viena y se instaló en Nueva York, donde forma un grupo con Ernst Kris y Rudolph Loewenstein para desarrollar todos los puntos de vista del Yo, agrupando las investigaciones de Anna Freud, René Spitz, Erik Erikson y otros destacados psicoanalistas. Sus principales obras, además de *El Yo y el problema de la adaptación* (26), escrito en 1938 pero publicado en inglés en

1952, son los *Ensayos sobre la psicología del Yo*, publicados en 1958 (26).

El concepto central de las teorías de Hartmann fue el de *adaptación,* que él definió como una "relación recíproca y primaria entre el organismo y su medio ambiente". Desde el lado del organismo se desarrollan funciones para este proceso de adaptación que pueden ser, o bien cambios internos del propio organismo *(actividad autoplástica),* o bien acciones para producir cambios en el medio circundante *(actividad aloplástica).* Desde este punto de vista, entonces, y utilizando este concepto, Hartmann pasa a definir al Yo como "El órgano específico de la adaptación". Este énfasis en la adaptación ha sido erróneamente interpretado en el sentido de que la Psicología del Yo aboga por la sumisión sin discernimiento a los dictados sociales o culturales externos. La distinción recién citada absuelve esa crítica: en la actividad aloplástica el Yo intenta activamente cambiar la situación de realidad externa. Si esto no es posible, puede recurrir a la actividad autoplástica. Una persona que está en un trabajo estresante y bajo la supervisión de un jefe excesivamente estricto, puede enfrentar aloplásticamente la situación intentando modificar la conducta de su jefe conversando con él o los superiores de éste, recurrir a obtener un traslado a otra situación dentro de su lugar de trabajo, o decidir simplemente buscar otro trabajo. Si las condiciones del mercado no permiten lo último y se hacen imposibles los cambios recién mencionados, la persona puede aceptar esta situación y buscar fuentes alternativas de satisfacción interna para adaptarse a una situación laboral objetivamente mala.

Un segundo aporte de importancia de Hartmann fue el postular que no todos los procesos psíquicos internos son consecuencia del conflicto, sino que existen estructuras que funcionan en forma normal (libres de conflictos desde el nacimiento). Denominó a estas estructuras *aparatos de autonomía primaria del Yo*. Entre éstos están los aparatos para la percepción, intencionalidad, pensamiento, lenguaje, memoria, productividad, conducta motora, etc. Desde estos aparatos se realiza la mayoría de las funciones psicológicas estudiadas por la psicología académica, y en forma no necesariamente interferida por el conflicto.

Esta visión también muestra en forma clara el rol de lo innato y de la dotación genética de cada individuo: para Hartmann estas estructuras surgen de una matriz indiferenciada de donde provienen el Yo y el Ello. Este concepto de *matriz indiferenciada*, también otro concepto original de Hartmann, es diferente de la visión freudiana de que el Yo se diferencia desde el Ello, que sería la estructura primigenia del psiquismo. La psique original, con un potencial heredado, se puede desarrollar en forma razonablemente normal. En ese caso, para Hartmann todos estos aparatos innatos se desenvuelven en lo que él llama la *esfera libre de conflictos del Yo* y llevan al funcionamiento normal de un Yo adulto. Si, por otra parte, aparecen conflictos o interferencias desde la madre o desde el medio ambiente cercano, se produce una aparición secundaria de conflictos dentro de esta esfera. Es muy raro que haya un funcionamiento totalmente libre de conflicto, pero se llega siempre a un balance entre el sujeto y su medio que puede ser adecuado.

El concepto de Hartmann al respecto (*medio esperable promedio*), es el que proporciona aquella madre que es capaz de interactuar con el niño satisfaciendo razonablemente las necesidades de éste. Existe un ajuste individual que cada persona alcanza con su madre, con su medio ambiente familiar y medio ambiente externo. El concepto anterior de Hartmann, de que las primeras relaciones objetales y sociales del niño son cruciales para mantener su equilibrio psicológico, abrió las puertas al desarrollo del estudio de las primeras relaciones de objeto para un grupo importante de psicoanalistas, tales como Spitz, Jacobson y Mahler.

Distinguió, además, Hartmann entre los conceptos de *maduración* (un proceso centralmente biológico), *desarrollo* (uno psicobiológico) y de *evolución,* al que definió como un proceso de internalización progresiva en el cual reacciones que inicialmente se daban en interfase abierta con el medio ambiente, transformábanse luego en procesos internos del organismo. Desarrolla aquí entonces su concepto de *autonomía organísmica.* En este proceso de internalización progresiva se llega a la conclusión de que un organismo será tanto más independiente cuanto menos dependa de los estímulos inmediatos de su ambiente, y menos permeable sea a la estimulación indiscriminada de este medio. Este concepto, se ha dicho, prioriza la autonomía y la independencia sobre la solidaridad y la interdependencia, y puede que se trate de un concepto culturalmente sesgado.

El Yo desarrolla funciones de regulación al servicio de esta independencia al tratar de equilibrar, mediante su función adaptativa, al individuo con su ambiente. Describe Hartmann cuatro funciones regulatorias: *equilibrio individuo-medio; equilibrio entre los distintos impulsos; equilibrio estructural entre el Yo, el Ello y el Super Yo; y la regulación global del Yo mismo,* función sintética descrita por Hartmann como un proceso circular o en espiral, en que se producen fenómenos de avance y de regresión progresivos. Esto sucede, por ejemplo, cuando la madre regresa para poder relacionarse con su hijo recién nacido, y luego progresa para relacionarse con su pareja adulta. El *Yo infantil* se desarrolla en un medio razonablemente adecuado, hay un proceso de estructuración con un desarrollo biológicamente preprogramado de los aparatos de autonomía primaria y con la aparición de funciones secundariamente autónomas. En estas últimas, un proceso que originalmente fue un producto defensivo del conflicto (como por ejemplo, el entrenamiento de esfínteres y la formación reactiva en relación a él) adquiere independencia de su fuente pulsional y se transforma en rasgos de carácter tales como limpieza y orden.

En su estudio acerca del desarrollo del Yo, formuló Hartmann el concepto de *neutralización*, que es el proceso en que se transforma energía libidinal o agresiva en energía neutra y, por lo tanto, utilizable por el Yo. Ésta es la energía que el Yo aprovecha en su proceso de estructuración tanto interna como de interacción con el ambiente. Esta energía va a ser utilizada para activar los mecanismos de defensa que Hartmann denomina también mecanismos de adaptación. Describe cómo en los procesos patológicos, tanto en las neurosis y muy especialmente en las psicosis, hay una falla en la capacidad de neutralización. Ésta se traduce en la aparición de energía libidinal o agresiva libre con falla del funcionamiento defensivo y con una debilidad generalizada del Yo. Planteó también Hartmann una progresión desde el desarrollo de las relaciones de objeto que van desde el *narcisismo primario*, en el cual no hay un objeto externo, pasando por una etapa en la cual el objeto sólo es percibido en cuanto satisface las necesidades del niño hasta llegar a la consolidación de lo que él llama *constancia*. Ésta existe cuando hay una representación mental permanente del objeto, independientemente de que éste sea o no necesario para el niño.

Esto, desde el punto de vista económico, se alcanza cuando el objeto ha sido investido con energía neutral. Con estos conceptos energéticos, y en especial con su idea de neutralización, Hartmann contribuyó a aclarar uno de los temas más complejos en la teoría freudiana, el punto de vista económico, en el cual Freud pasó desde una hipótesis unitaria, la de atribuir a la libido el origen de la energía psíquica, a otra dual, al visualizar dos fuentes: primero la libido yoica junto a la sexual, y luego en forma más osada, las fuentes basadas en el Eros, la energía libidinal, y en el Tánatos, la pulsión de muerte. Hartmann acepta la hipótesis de Freud de la existencia de un reservorio inicial narcisista, y visualiza la agresión como complementando e integrándose con la libido para proporcionar una energía "limpia" o neutralizada para los propósitos del Yo.

Hartmann describió también cómo se estructuran los procesos del pensamiento y de la inteligencia, desarrollándose ésta ligada al retraso de la gratificación de los instintos y apoyada por los procesos de percepción y memoria. Este retraso en la gratificación posibilita la conducta intencional, después de que el proceso de pensamiento revisa las conductas posibles. El Yo, entonces, gracias a los procesos de pensamiento funciona en proceso secundario y actúa en forma controlada y utilizando la capacidad de pensar. Al mismo tiempo, mantiene su capacidad de regresar en oportunidades a un funcionamiento más primario. Esto es lo que Kris llamó *regresión al servicio del Yo*.

Otro aspecto importante de los desarrollos de Hartmann fue su redefinición del concepto de narcisismo. Definió éste como la *catexis de las representaciones del self* y no, por lo tanto, del Yo, como lo había hecho Freud. Con esto dejó la puerta abierta para los desarrollos posteriores tanto de Jacobson como de Kohut, sobre narcisismo normal y patológico.

Estudiando la génesis del Yo, Hartmann enfatizó el papel de la deprivación en el período infantil y en la formación de estructura psíquica del proceso de identificación, y señaló que éste no era solamente patológico sino que podía ser normal, describiendo un ciclo que iba desde la imitación pasando por la introyección hasta llegar a la identificación. Este proceso de identificación cumple un papel importante tanto en la niñez como en la adolescencia en la consolidación de la identidad.

También estudió Hartmann, junto con Kris y Loewenstein, el tema del Super Yo, insistiendo en que éste se estructura solamente desde el período edípico y luego con posterioridad a éste. Estuvo en desacuerdo con las posiciones kleinianas en relación a la existencia de antecesores pregenitales del Super Yo, diciendo que si bien había elementos constitutivos o núcleos previos aislados, estos no constituían y no podían ser llamados Super Yo. Usó la analogía de que nadie diría que la harina, los huevos y la levadura son antecesores de una torta, ya que ella tiene una realidad propia independientemente de los materiales con que es preparada. Lo mismo se aplica, entonces, al Super Yo, que sería una estructura con una naturaleza propia, producto del desarrollo edípico posterior. Otra autora de esta corriente, Edith Jacobson, como veremos más adelante, desarrolló en detalle el estudio de la patología del Super Yo (27).

IV. Los psicólogos evolutivos del Yo:
   Spitz, Mahler y Jacobson.

Tal como Anna Freud, Hartmann, Kris y Loewenstein desarrollaron una psicología de la normalidad, un grupo de otros autores se abocó a plantear una psicología psicoanalítica evolutiva. La ventaja metodológica de estos autores, tales como René Spitz y Margaret Mahler, fue que observaron longitudinalmente niños desde su nacimiento en adelante. Esta observación prospectiva permitió completar muchas observaciones psicoanalíticas anteriores que habían elaborado teorías acerca del desarrollo infantil basándose en hallazgos retrospectivos, producto del análisis de sujetos ya adultos. Esta aproximación empírica de observación directa del niño se demostró metodológicamente más sólida que afirmaciones *ex post facto*.

a) *La contribución de René Spitz*

René Spitz fue un psicoanalista que estudió inicialmente a niños separados de sus padres al ser hospitalizados debido a enfermedades prolongadas. Observó cómo estos niños presentaban episodios de desnutrición, apatía y aparente desinterés por todo lo que los rodeaba. Llamó a este síndrome *depresión anaclítica*, y demostró cómo al aparecer una figura maternal real o sustituta ésta desaparecía. Aquellos hospitales en los que había menor rotación de cuidadoras, y en los cuales quien cuidaba al niño tenía tiempo para desarrollar una relación personal con el paciente, tenían menores cantidades de casos de depresión anaclítica u "hospitalismo", como fue también denominado este cuadro.

Otra contribución de Spitz fue la aplicación de algunos conceptos etológicos al desarrollo infantil. Tomando la idea del estudioso de la conducta animal Konrad Lorenz acerca del *imprinting*, describió varios "organizadores" de la vida psíquica en el primer año de vida. Un primer organizador, para Spitz, era la *relación diádica* del lactante con una figura materna adecuada. Esta relación cumplía la función de organizar la estructura del

Yo y los sistemas de éste en forma paulatina. Si faltaba esta figura adecuada, aparecían fenómenos depresivos y la posibilidad de cuadros con un Yo muy alterado; estructuras psicóticas o muy patológicas del carácter. Un segundo organizador para Spitz aparece en el séptimo u octavo mes y se manifiesta mediante la *angustia frente al extraño*. El hecho que el niño llore frente a los desconocidos muestra que ya separa a su madre de las otras personas, y que puede diferenciar a su madre de quienes no lo son, alejándose con llanto y distanciamiento frente a las personas que estima como desconocidas. Puede así enjuiciar si los adultos significativos son familiares o extraños. Esto es una segunda etapa de organización de la estructura psíquica importante para Spitz. Finalmente, un tercer organizador es la aparición, a fines del primer año o comienzo del segundo de vida de la respuesta del "No". Al decir que *no*, el niño está marcando la diferenciación entre el Yo y el no Yo. Esto señala el comienzo de la comunicación propia con el mundo externo y la primera demostración de una volición propia.

b) *Margaret Mahler*

Esta autora formuló una teoría amplia y comprensiva acerca del desarrollo infantil normal. Comenzó estudiando niños alterados con cuadros de psicosis infantiles o de autismo infantil precoz. Luego realizó estudios longitudinales de niños normales, en que los fue observando a lo largo de períodos prolongados de tiempo en interacción con sus madres. A través de sus estudios, definió un conjunto de etapas sucesivas en un proceso que ella ha descrito como el *nacimiento psicológico del niño*, que sería diferente del biológico. Éste es un proceso puntual observable, dramático y definido. El nacimiento psicológico en cambio es un proceso intrapsíquico y de desarrollo lento, en varias etapas sucesivas. La *etapa autista* corresponde a las primeras semanas de vida del niño, que se desarrollan en un estado de *desorientación alucinatoria primaria*, en la cual el niño satisface internamente sus deseos, sin reconocer los cuidados maternos reductores de tensión como externos: en ese sentido es un estado *autista* y *anobjetal*. La *etapa simbiótica* comienza hacia el segundo mes de vida, empezando a reconocer la existencia de un objeto externo que satisface sus necesidades. La biología define la *simbiosis* como *la convivencia de dos organismos disímiles en una unión cercana que es ventajosa para ambos*. Una gratificación simbiótica adecuada favorece la estructuración del Yo, mientras que una relación deficitaria puede llegar a una psicosis infantil, o a una regresión al autismo. La interacción adecuada en esta etapa es fundamental: si no se dan los cuadros anteriores, el niño avanza prematuramente a la etapa siguiente, y se cuida a sí mismo, desarrollándose una estructura limítrofe con una pseudo autosuficiencia narcisista que encubre fuertes necesidades de dependencia. La fase siguiente, de *separación-individuación*, implica un proceso en el que el niño no se separa físicamente de la madre, sino que pasa a percibirla como un ente discreto. Recíprocamente se percibe a sí mismo como un individuo psicológicamente aparte de su madre. Entre los diez y dieciséis meses, Mahler describe la fase de *práctica* (o de ejercitación locomotora), en la que la maduración de la marcha impele al niño lejos de su madre, logrando mayor separación física y oportunidades para la exploración de un amplio seguimiento de la realidad. La fase de *rapprochement* (o de acercamiento), se da hacia los dieciocho meses y en ella se vuelve a necesitar a la madre en forma significativa. Si ésta no percibe la mayor vulnerabilidad del niño, se gestan las bases para la psicopatología *borderline*, con sus típicas dificultades de consolidación de la identidad. Al no percibir la madre esta necesidad de cercanía del niño, éste se siente rechazado, y queda sensibilizado para posteriores separaciones y abandonos. Existe aquí un temor prematuro a la *pérdida de objeto*. Si, por otra parte, la madre está disponible, según Mahler "como un faro que permite el acercamiento y alejamiento de los barcos", se crean las bases para la próxima etapa, de *constancia objetal*. En ésta se consolida la propia identidad, y las bases para los conflictos triádicos (edípicos), intersistémicos (Yo - Ello - Super Yo), o sea, para la psicopatología neurótica clásica.

c) *Edith Jacobson y la teoría del sí mismo (self)*

Edith Jacobson fue una de las autoras más creativas dentro de los psicólogos del Yo. En sus obras sobre *Self y el mundo objetal (28)* (1964), sobre *El conflicto psicótico y la realidad* (1967) y sobre *Depresión* (1971), sentó las bases del abordaje clínico actual de las depresiones graves, así como desarrollos teóricos acerca de los efectos y de la teoría de relaciones de objeto, que posteriormente desarrolló Otto Kernberg. Jacobson elaboró la distinción formulada de Hartmann entre el Yo y el self o "sí mismo", o sea, la totalidad de la persona, con sus conceptos de *representaciones del self* ("Las representaciones endopsíquicas inconscientes, preconscientes y conscientes del *self* psíquico en el sistema del Yo") y de *representaciones de objeto*. Insiste así en la importancia de separar la experiencia interna (representación endopsíquica) del self de los objetos de la existencia real y externa de ambos.

Jacobson desarrolló además su teoría de los afectos que serían *procesos* no sólo de *descarga*, sino de reducción y modulación de la tensión. Para ella, la función del principio del placer es producir una oscilación *óptima* entre las polaridades de tensión y alivio, y los afectos; éstos deben ser vistos como estados tensionales y procesos de descarga al mismo tiempo. En situaciones patológicas, Jacobson observó que estructuras yoicas y superyoicas distorsionadas llevaban a sacrificar el principio del placer y originaban estados afectivos alterados, predominantemente depresivos. Contrastó Jacobson los *afectos primitivos*, predominantemente eróticos y agresivos, de aquellos procesos más sofisticados y modulados, llamados *sentimientos* o *estados de ánimo*. Ambos representan para ella no sólo procesos de descarga, sino catexis impulsivas de las representaciones del *self* y objeto. La *autoestima*, por ejemplo, es una forma elaborada y sofisticada de carga libidinal del *self*. Los estados de ánimo son, para Jacobson, procesos afectivos fijos que involucran todo el sistema de representaciones del *self* y objetos, y que tienen una función reguladora de este sistema. Estos procesos colorean toda la experiencia vivida del *self* y el mundo objetal. Ejemplos de este coloramiento difuso son el proceso normal del enamorarse, el sentimiento de alivio al superar la dificultad o un peligro, o la tristeza y pena del duelo normal. Los estados de ánimo normales recién descritos deben distinguirse de los patológicos, especialmente en la depresión. En ella predominan los impulsos agresivos derivados de un control primitivo y exagerado de un Super Yo que genera giros violentos afectivos, en vez del proceso de modulación normal, más focal, circunscrito y delimitado.

Una de las mayores contribuciones de Jacobson fue señalar el rol crucial del Super Yo en la modulación de los afectos. Diferenció la depresión neurótica de la psicótica; en esta última se produce una refusión patológica de representaciones del *self* y de objeto dentro del Yo y del Super Yo, que lleva al ataque de un Super Yo muy patológico, idealizado y sádico sobre un Yo descalificado con representaciones fusionadas del *self* y objeto. En las depresiones severas se pierde la capacidad del duelo (y pena) normales, debido a la desvalorización patológica de la representación psíquica del objeto perdido (y fusionado con una representación del *self* también descalificada).

La teoría de los afectos de Jacobson se encuentra íntimamente conectada a sus estudios clínicos sobre la depresión. Ella parte de los puntos de vista de Bibring acerca de la depresión como el efecto resultante de un conflicto intrasistémico entre una imagen del *self* real en discrepancia con otra idealizada. Esta discrepancia lleva a una frustración narcisista que es vivida como depresión. Jacobson complementa lo anterior con una teoría egopsicológica, en la cual la depresión es un afecto yoico producido desde la función controladora superyoica. El Super Yo regula, para Jacobson, al Yo a través de fluctuaciones del estado de ánimo. En la *depresión psicótica* describe Jacobson una secuencia de etapas. Tempranamente hay una sensación creciente de frustración narcisista derivada de frustraciones parcialmente reales y parcialmente fantaseadas por parte de objetos reales. El temor a ser abandonado por el objeto se une a la agresión que esta situación genera: el objeto necesitado es inicialmente idealizado, conjuntamente a una autoidealización por identificación y cercanía al objeto. En este período se niegan los aspectos agresivos y frustrantes tanto del *self* como del objeto. Cuando estas maniobras fracasan, se produce una desvalorización catastrófica del objeto y de sus representaciones. Esta devaluación, que Jacobson liga a la agresión preedípica, en el mejor de los casos puede traducirse en una autoafirmación hostil con mayor grado de autonomía. En otras situaciones, se produce una destrucción de la investidura de las representaciones del *self* y del objeto, con una sensación consecuente de vacío y empobrecimiento.

En la *depresión neurótica* estas tendencias a la negación e idealización son relativamente menores, así como hay una estabilidad de las representaciones del *self* y del objeto. Esto se traduce en cierto grado de soledad y abandono, con alguna cantidad de presión superyoica que se traduce en críticas del sujeto hacia sí mismo. En la recién revisada *depresión psicótica* se produce una relación sadomasoquista con un objeto sobreidealizado y ambivalentemente odiado y amado. Cuando las demandas rabiosas por la atención del objeto son excesivas, aparece una mayor desvalorización de éste, con una *doble introyección* en el Super Yo y en el Yo. Se produce así un proceso de refusión patológica de representaciones de *self* y objeto en ambas estructuras que, sin embargo, mantienen sus límites intersistémicos. Esta mantención de límites diferencia este cuadro de la *depresión esquizofrénica,* en el que se produce mayor fragmentación de unidades nuevas y bizarras, de representaciones de *self* y objeto, esta vez con disolución de los límites de Yo y Super Yo. Los cuadros *borderline* son para Jacobson estados intermedios, en que hay ciclos repetitivos y rápidos de idealización y desvalorización, y un uso de diferentes mecanismos primitivos de defensa. Jacobson liga, tal como Mahler, estos cuadros a fallas en la función maternal en el período de *rapprochement* antes descrito.

Finalmente, Jacobson sistematizó una teoría evolutiva también muy cercana a la de Mahler, con quien trabajó. Para ella, la vida intrapsíquica parte con un selfpsicofisiológico (Yo-Ello) indiferenciado. Esta etapa presimbiótica de las primeras semanas de vida se caracteriza por representaciones fusionadas de *self* y de objeto iniciales. En la etapa *simbiótica* hay una muy lenta y gradual diferenciación de las representaciones del *self* y del objeto. En esta etapa se puede producir una refusión defensiva de las catexis de representaciones de *self* y objeto. Una segunda maniobra es la escisión o separación de las representaciones "buenas" y "malas" (libidinal o agresivamente catectizadas), tanto del *self* como del objeto. En esta fase, pues, el mundo interno queda conformado por representaciones "buenas" y "malas" del *self*, así como similares representaciones del objeto. Los procesos de introyección y proyección comprenden esfuerzos para proteger una relación idealizada con la madre. En la etapa de *separación-individuación* se usan las representaciones buenas y malas del *self*, así como del objeto, reales primero, parciales y luego totales, que caracterizan la fase de *constancia del objeto.* Durante el segundo y tercer años de vida el niño adquiere más conciencia de sus limitaciones, así como los de la figura maternal, con una fantasía de retorno a un período temprano –Fantasía del Paraíso Perdido–. Esto conlleva el seguimiento de representaciones *ideales* del *self* y del objeto, que representan una forma más madura y sofisticada de idealización que los objetos buenos del primer año de vida.

Jacobson formuló de este modo una teoría abarcativa acerca del Super Yo, conformado por una capa profunda de "predecesores superyoicos" sádicos que corresponden a la internalización de representaciones "malas" y sádicamente prohibitivas que son el producto de la proyección en la madre y otros objetos externos de la agresión inicial hacia objetos frustrantes. Una segunda capa es la integración del Ideal del Yo, producto de la fusión de representaciones ideales del *self* y del objeto. Una tercera capa la conforma un Súper Yo realista, con elementos exigentes y valóricos que representan a los padres. En el período de latencia se puede observar en el niño el funcionamiento de un Super Yo maduro, que cumple con su función de regular la autoestima a través de afectos sofisticados y bien modulados. La culpa y autocrítica realistas corresponden a este funcionamiento integrado de un Super Yo maduro". Para Jacobson el concepto de sí mismo y de identidad del sí mismo son también productos de esta integración y son, por lo tanto, previos a la consolidación final de la identidad en el adolescente. En la adolescencia hay una redisolución, repersonificación y reproyección parciales del Super Yo, que permiten integrar los aspectos tiernos y eróticos de la sexualidad, así como reelaborar la conflictiva edípica.

En resumen, los estudios de Jacobson complementan y corroboran los de otros psicólogos del Yo, y dan la base para una teoría de relaciones de objetos y la comprensión de psicopatologías desde un punto de vista evolutivo.

V. Erik Erikson y el desarrollo psicosocial

Erik H. Erikson nació de padres daneses en Frankfurt (Alemania) en 1902. Su padre murió poco después y su madre se casó nuevamente. Su padrastro, de apellido Homburguer, le adoptó. Sus estudios básicos y medios los hizo en Alemania y su formación analítica fue en el Instituto Psicoanalítico de Viena, bajo la tuición de Anna Freud y August Aichhorn, conociendo también personalmente a Sigmund Freud. En 1933 emigró a los Estados Unidos, donde enseñó sucesivamente en las escuelas de Medicina de Harvard (1933-36), de Yale (1936-39), California (1939-50). Trabajó en adelante en Massachusetts en el Austin Riggs Center (1950-61) y luego hasta su muerte en 1990 nuevamente en Harvard. Erikson constituye uno de los principales exponentes del pensamiento freudiano actual. Su compenetración con la obra de Freud y su integridad como uno de los analistas y teóricos contemporáneos más destacados fueron justamente honrados cuando se le solicitó que pronunciara en 1956 la alocución del Centenario de Goethe, en Frankfurt, en honor del centésimo aniversario del natalicio de Sigmund Freud. Erikson merece reconocimiento como científico por su capacidad de avanzar más allá de los límites establecidos por Freud.

En *Infancia y sociedad* (29), Erikson expone su concepto del desarrollo psicosocial del ser humano, basado en el *principio epigenético,* concepto tomado de la embriología. Se plantea en éste que cada etapa del desarrollo humano está guiada por un "orden natural interno", que actúa como una preprogramación biológica que interactúa con el medio ambiente, tanto físico como social. Las conductas características de cada fase vital son la resultante de esta compleja interacción. Las etapas del desarrollo psicosexual del individuo (oral, anal, genital, etc.) descritas por Freud y los primeros psicoanalistas acentuaban la vertiente biológica de esta secuencia evolutiva. Erikson amplió el concepto anterior al describir sus ocho etapas del desarrollo psicosocial, que complementan las de Freud, pero desde una perspectiva de la interacción individuo/sociedad.

Otro concepto de Erikson es el de *crisis vitales normativas* (30), propias de cada etapa. En ese sentido, el desarrollo biográfico de cada individuo es descrito como una progresión de desafíos o tareas evolutivas. Cada crisis termina en un desenlace exitoso, que posibilita el avance; o negativo, que conlleva un estancamiento del crecimiento individual. La patología, tanto física como psíquica, es vista como gatillada por la segunda posibilidad: un fracaso en la espiral de crecimiento.

A continuación revisaremos brevemente las características de cada una de las etapas descritas por Erikson. Éstas constituyen fases en constante movimiento: "un individuo nunca *tiene* una personalidad; siempre está en el proceso de desarrollar su personalidad". Para este autor, una etapa o fase se distingue por su propio tema de desarrollo y por su interrelación con las fases anteriores y posteriores. En cada fase de desarrollo el individuo debe afrontar y dominar cierto problema fundamental, que es un dilema en ella. La crisis del desarrollo subyacente es universal, pero su desenlace particular se define culturalmente. Así, el destete es un acontecimiento universal que precipita el fin de la primera etapa evolutiva de la niñez temprana. Esta crisis es manejada en forma diferente por aquellas culturas que fomentan una lactancia prolongada y un destete progresivo, que por aquellas que estimulan la suspensión temprana y abrupta de la lactancia materna.

a) *Etapa incorporativa*

Esta etapa, del nacimiento hasta los dos años, es sinónimo de la etapa oral de Freud. En ella se genera una sensación de *confianza básica* o, en su defecto, que surge la *desconfianza*. Después de una vida uterina con regularidad rítmica, calor y protección, el niño pasa, al nacer, a depender en forma absoluta de su medio ambiente. Esta indefensión del bebé es suplida por una madre que lo alimenta y vela por sus necesidades; por un padre y una estructura familiar que protegen a la madre; por sociedades que protegen esas estructuras familiares, y por tradiciones sociales que dan continuidad cultural a los sistemas de cuidado y crianza de los niños. Si lo anterior funciona bien, el niño desarrollará una confianza básica en su medio circundante que se traducirá en un sentido de *esperanza y optimismo* frente a la vida. Si la madre y la familia proporcionan un cuidado consistente, continuo y adecuado a las necesidades del niño, éste sentirá que podrá más adelante confiar en los otros. Al revés, en individuos con personalidades alteradas se encuentran antecedentes de un cuidado temprano variable, impredecible y a veces caótico. Esta relación inicial con el medio se hace a través de la boca, con la cual el niño se alimenta y que explica el nombre de fase oral de desarrollo. Por lo mismo esta etapa ha sido denomina *incorporativa* por Erikson.

b) *Niñez temprana-Etapa muscular-Anal*

Esta etapa va de los dos a los cuatro años, y en ella se consolida para Erikson la noción de autonomía del niño. En la medida que éste es capaz de controlar sus esfínteres y de usar sus músculos para alejarse de la madre, o su capacidad de vocalización para decir "no", desarrollará una sensación de ser un ente autónomo y aparte de sus padres. Si siente la sensación de ser excesivamente controlado, de ser avergonzado ante los primeros fracasos, pueden surgir sus primeros sentimientos de *vergüenza, duda* e *inseguridad* en sí mismo. El individuo supera exitosamente esta crisis si llega a sentir que es capaz de controlarse a sí mismo; fracasa en ella si siente que es controlado por sus padres y percibe este control como sensación de inferioridad, baja autoestima y dudas acerca de sí mismo. La sensación de tener una *voluntad* propia es la resultante de un desenlace positivo de esta etapa. El control de esfínteres y la retirada de los pañales es la situación típica en la cual se evidencia el dilema central de esta etapa.

c) *Etapa locomotora-genital*

En esta etapa, que se superpone con la fase edípica de Freud, el niño se percata más agudamente de su medio externo. Descubre la presencia de terceras personas dentro de la familia: su padre y sus hermanos. Toma la iniciativa para establecer relaciones más cercanas con el progenitor del sexo opuesto, y a veces lo consigue, en la realidad o en su fantasía. Si el niño es capaz de desarrollar un grado adecuado de iniciativa, esta capacidad se consolidará más adelante. Si sus acciones son sentidas por él mismo, o definidas por el medio ambiente externo como negativas, puede sentirse paralizado por la culpa. En esta etapa hay una mayor preocupación por los genitales, por los padres del sexo opuesto y, en general, una más clara noción de las diferencias entre los sexos. También en esta etapa aparecen por primera ves objetivos e imperativos morales. Erikson habla de la adquisición de un sentido de *finalidad* y enfatiza cómo estos valores e imperativos se afirman en la medida que se consolida e internaliza un Super Yo íntegro.

d) *Latencia*

En esta etapa, de los cinco a los doce años aproximadamente, el niño en edad escolar temprana muestra su capacidad de desenvolverse industriosamente en la interacción educacional. El sentido de ser competente y estudioso le dará una sensación de eficiencia y logro de sus metas. En esta edad también se desarrolla la capacidad de interactuar socialmente con sus compañeros por primera vez fuera de la familia. En la medida que el niño rinde y se relaciona bien, logra un sentido de *ser competente*. En la medida que esto no se da, aparece un sentido de *inferioridad*. Muchos problemas de rendimiento escolar, de fobias y aislamiento social tempranos son característicos de esta etapa. En ella, el niño se orienta ya no sólo en el mundo de la familia sino se abre a sus pares. Los amigos, los compañeros de curso o de barrio pasan a tener un papel importante. El juego informal o los deportes competitivos son conductas típicas de este período activo. El nombre de latencia sólo se refiere a la suspensión de búsqueda de vínculos heterosexuales. Esto se evidencia en la segregación por sexos, frecuentes en esta edad.

e) *Adolescencia*

Esta etapa ha sido cuidadosamente estudiada por Erikson. Un concepto de éste que ha pasado a ser central hoy, es el de la *consolidación de la identidad* como tarea central del desarrollo adolescente. Los cambios físicos y psicológicos de la pubertad hacen entrar al adolescente en un período de aumento del conflicto psicológico interno, cuya consecuencia será un sentido de continuidad y estabilidad de uno mismo a lo largo del tiempo. Cuando ésto no se alcanza, Erikson habla de *síndrome de la difusión de identidad,* que se ve en los "estudiantes eternos", o en aquellos sujetos que tienen grave dificultad en centrarse en una actividad única o en una sola relación de pareja. Algunos desórdenes importantes de personalidad ("estructuras limítrofes"), corresponden a la no superación crónica de este dilema.

El sentido de confusión y cambio típicos de la adolescencia disminuye en la medida en que, al correr los años, el joven delimita su sí mismo del de sus padres y familia. Fijar los propios gustos, intereses, valores y principios es un modo de crecer. El separarse (no necesariamente geográfica pero sí psicológicamente) de los padres es otro modo de conceptualizar la tarea de esta etapa.

f) *Adulto joven*

En la segunda y tercera décadas de la vida la persona entra a formar parte de la sociedad al desempeñar un trabaio y relacionarse establemente con una pareja, formando muchas veces una familia. El poder compartir una familia en el desarrollo de la capacidad de *intimidad* es la tarea central de este período. Esta intimidad se refiere no sólo a compartir en el sentido sexual, sino al uso de un tiempo y espacio comunes en la vida. Para usar las palabras de Freud, el individuo demuestra ahora su capacidad de realizar una adultez sana mediante su posibilidad de *lieben und arbeiten* (amar y trabajar). Tal como la superación de la adolescencia requiere un sentido de identidad, la de esta etapa requiere un sentido de la solidaridad y de la identidad compartida en pareja. La no superación de este desafío se traduce en un aislamiento personal, que se ve en algunos solterones y solteronas, así como psicopatológicamente en estructuras esquizoides y evitativas del carácter. Lo dicho para la pareja se aplica al trabajo, donde el individuo debe mostrar su capacidad de entrega estable a una labor dada.

g) *Adulto medio o maduro*

En la quinta y sexta décadas emerge el conflicto entre *generatividad* o *estancamiento*. Para Erikson, lo central aquí es la capacidad de cuidar y facilitar el desarrollo de las generaciones más jóvenes. La pareja que consolidó su capacidad de intimidad en la etapa anterior, desarrolla ahora su capacidad de criar y relacionarse con sus hijos crecidos. En ese sentido, Erikson plantea que los adultos medios necesitan a los niños y que es tan necesario para ellos cuidar a éstos como los niños necesitan de alguien que los cuide. El "instinto maternal" sería, pues, otra expresión del principio epigenético antes formulado. Los adultos de esta edad participan de esta tarea siendo padres, profesores o guías de juventud en un sentido u otro. El adulto que no puede ser generativo siente una sensación de *estancamiento* y vive en forma egocéntrica y sin propulsión hacia el futuro. La novela de Charles Dickens *Historia de navidad* es un claro ejemplo de cómo un sujeto estancado y autoabsorto en sí mismo (Mr. Scroogie) puede salir de esa situación a través de preocuparse por los menores.

h) *Adulto tardío o senescente*

A medida que el adulto completa el ciclo de haber vivido él y asegurado que viva la generación siguiente, se llega al tema final del ciclo vital. La *integridad* reposa en la aceptación de la sucesión de las generaciones y de la finitud de la vida natural. Si se adquiere esta noción de integridad, no aparece la desesperación y el temor a la muerte como resultado de una vida irrealizada. Esta fase final implica el desarrollo de una *sabiduría* y de una *filosofía* trascendente de la vida. Para citar a Erikson: "Los niños sanos no temerán la vida, si sus padres poseen una integridad suficiente como para no temer a la muerte".

Aquellas personas que al reflexionar sobre su vida sucumben ante una sensación de fracaso o de incompletitud, son las que no han podido integrar su personalidad. Para otro de los pioneros del psicoanálisis, Carl G. Jung, la tarea de la segunda mitad de la vida es, justamente, aquélla: la integración de la persona en una visión personal, independiente de las presiones cercanas de la sociedad, propias de la primera mitad de la vida.

Dos puntos de interés en el pensamiento de Erikson son la "imbricación de los ciclos vitales intergeneracionales" y el ver "la posibilidad de cambio y desarrollo en cualquier momento del ciclo vital". La crisis de la adolescencia está cercanamente engranada con la crisis de la edad media de los padres. Este punto es importante para el manejo práctico de conflictos adolescentes que, de otro modo, pueden ser catalogados como psicopatológicos.

CAPÍTULO 5
Melanie Klein

I. Introducción

El pensamiento kleiniano ha tenido una profunda influencia en el psicoanálisis sudamericano y, en especial, chileno. Los desarrollos de Melanie Klein surgen entre 1930 y 1960 en Inglaterra, y desde allí se difunden hacia nuestros países. En el caso de Chile, se agrega el hecho de que el fundador del movimiento psicoanalítico chileno, Ignacio Matte, se formó en Londres y conoció como profesora a Melanie Klein, desarrollando especial afinidad con sus teorías. Si bien sus puntos de vista difieren de la ortodoxia freudiana tanto como los de los primeros disidentes, el grupo kleiniano tuvo la capacidad de mantenerse dentro del psicoanálisis organizado. Esto se debió, por una parte, a que no promovieron modificaciones técnicas de importancia, adhiriendo a las descripciones más estrictas del procedimiento freudiano, y, por otra, al hecho de que la Sociedad Psicoanalítica Británica tuvo la flexibilidad para acomodar en su seno al "desviacionismo" kleiniano, dividiéndose internamente en dos grupos, uno de los cuales mantuvo la ortodoxia freudiana y el otro desarrolló la orientación kleiniana. La actitud del propio Freud fue también diferente, en este caso, a la que tomó con sus primeros discípulos disidentes (Adler y Jung). En vez de llegar a la expulsión de los desviacionistas, esta vez prefirió actuar por omisión, aunque hizo clara su preferencia por los puntos de vista de su hija Anna.

II. Reseña biográfica

Melanie Klein nace en Viena en 1882, siendo la cuarta hija de una familia de escasos recursos. Su padre tiene intereses intelectuales y su madre mantiene a la familia dedicándose al comercio. Su hermana Sidonia le enseña a leer, antes de morir a los nueve años de edad. Otro hermano, Emmanuel, enfermo ya con problemas cardíacos, la impulsa a estudiar medicina: él muere a la edad de 25 años. Melanie comienza a estudiar esa carrera, pero la interrumpe para dedicarse al arte y a la historia, y casarse en 1903 con Arthur Klein, ingeniero químico y hombre de negocios a quien debe seguir en numerosos desplazamientos geográficos mientras nacen sus tres hijos: Melitta, Hans y Eric. Sus primeros análisis, sobre los cuales la autora desarrolla sus teorías iniciales, los realiza en sus propios hijos. En 1916, y viviendo en Budapest, Melanie Klein comienza su análisis con Ferenczi, el fundador de la Sociedad Húngara. Comienza allí su práctica del análisis de niños, versando sobre ese tema su trabajo clínico de ingreso a la Sociedad Psicoanalítica de Budapest en 1919 (*El desarrollo de un niño*). En 1920, Karl Abraham la invita a ejercer en Berlín, donde se traslada coincidiendo con su divorcio de Arthur Klein. En 1924 se reanaliza con Abraham, tratamiento que sólo dura un año ya que es interrumpido por la muerte de su analista. En ese momento, Jones invita a Melanie Klein a que se traslade a Londres.

En Inglaterra surge una diferencia abierta de opiniones con Anna Freud, quien en Viena se había dedicado también al análisis de niños. Anna Freud publica en 1927 su *Introducción al psicoanálisis del niño*, y Klein en 1932 su *El psicoanálisis del niño*. La controversia científica entre ambas arrecia después del traslado de Anna Freud a

Inglaterra acompañando a su padre. Ya en 1933 Edward Glover hace una reseña crítica de los trabajos de Klein, y se convierte en su principal oponente, junto a su analizada, e hija de Klein, Melitta Schmideberg, quien se abandera en contra de su madre. La controversia entre freudianos y kleinianos se desarrolla en forma abierta entre 1943 y 1945 en el seno de la Sociedad Británica, retirándose en ese lapso Jones y Glover. Finalmente se opta por formar dos grupos separados, como ya dijimos, a los cuales lentamente se les une un tercero *(Middle group)* formado por analistas tales como Winnicott, que no se reconocen como seguidores de ninguno de los anteriores puntos de vista. Klein desarrolla una poderosa influencia en su grupo, y sigue publicando y sistematizando su punto de vista hasta su muerte en 1961.

III. Principales conceptos kleinianos

a) *La fantasía inconsciente*

El concepto central aportado por Klein para la comprensión del mundo psíquico de los individuos es el de *fantasía inconsciente*. Si bien ya Freud habló de fantasías inconscientes, fue Klein quien la elaboró, definiéndola como la *representación mental de los instintos*. Para ella, éstos existen desde el comienzo de la vida, y tienden a satisfacerse buscando objetos que les permitan desarrollarse. Por ello, la psicología kleiniana es de partida una psicología centrada en las relaciones de objeto. Para esta autora los instintos son –por definición– buscadores de objetos. Para cada impulso instintivo existe una fantasía correspondiente: para el impulso a alimentarse, existe desde el nacimiento la fantasía inconsciente del pecho, que puede satisfacer dicho impulso. La función del Yo pasa a ser así la de *creador de fantasías*, lo que está haciendo constantemente. Por lo tanto, desde este punto de vista el fantasear no es huir de la realidad, sino un concomitante necesario de la interacción con el mundo externo.

Las fantasías inconscientes pueden –a menudo– distorsionar la percepción de la realidad. Por ejemplo, un niño cuyos padres tienen una mala relación y pelean, puede sentir que esta mala relación es el resultado de sus propios deseos de que ellos se distancien, para poder apegarse a uno de ellos. Esto lo hace sentir culpable de haber dañado la relación entre los padres. Lo anterior es un camino de doble vía: la realidad externa puede modificar una fantasía inconsciente. Por ejemplo, en el niño que quiere mamar y recibe luego su alimentación, la fantasía inconsciente será gratificada, en contraste a la situación en que ésta es frustrada porque no recibe el pecho o la mamadera que desea. La fantasía inconsciente es *además* una defensa de la realidad externa, al permitir satisfacer impulsos prescindiendo de ésta, a través de la denominada *satisfacción alucinatoria del deseo*. La gratificación proveniente de la fantasía es una defensa contra la realidad externa de la privación, y además contra la realidad interna de su propia frustración y enojo consecutivo.

Los mecanismos de defensa son vivenciados como fantasías muy detalladas. Por ejemplo, la represión puede ser sentida como la sensación de que algo va a estallar dentro de uno mismo. El concepto de Yo, descrito por Freud como un "precipitado de objetos abandonados", es elaborado por Klein diciendo que este precipitado está compuesto por objetos introyectados. El principal de estos objetos es el Super Yo. Estos objetos tempranos proyectados e introyectados se incorporan primero en forma *parcial* (por ejemplo, el pecho y el pene). Luego, se transforman en *objetos totales* (el padre y la madre unidos configuran la pareja parental). En la medida que el Yo madura, menos fantásticos y más cercanos a la realidad son estos objetos. El Yo se identifica con algunos de estos objetos, lo que es denominado *identificación introyectiva*, mientras que otros se mantienen como objetos separados (por ejemplo, el Super Yo). Los objetos internos se relacionan luego entre sí, configurándose entre así un complejo *mundo interno*. La estructura de la personalidad se centra alrededor de las fantasías más permanentes del Yo acerca de sí mismo, y de los objetos internos. Esta relación entre fantasía inconsciente y estructura de la personalidad es muy importante, ya que permite que el psicoanálisis, al analizar las relaciones entre el Yo y sus objetos internos y externos, pueda modificar las fantasías sobre estos objetos, influyendo así sobre la estructura más permanente del primero.

b) *La posición esquizoparanoide*

Para Melanie Klein existe tempranamente un mayor grado de organización yoica que la que reconoció Sigmund Freud. Hay suficiente Yo al nacer, afirma, como para sentir ansiedad, utilizar mecanismos de defensa y establecer relaciones objetales primitivas. El Yo temprano, al verse expuesto por una parte a la polaridad innata de los instintos (vida y muerte) y al impacto de la realidad externa, que le provoca situaciones de ansiedad, reacciona deflexionando el instinto de muerte hacia fuera, convirtiendo éste en agresión. El objeto de esta deflexión es el propio pecho materno, que pasa a ser vivenciado como malo y amenazante, transformándose así en un perseguidor, que puede ser único o múltiple. Esto último sucede cuando el objeto persecutorio es escindido en muchos pedazos.

Similar proceso se produce con la libido que al ser proyectada sobre el pecho crea el objeto ideal, que satisface el impulso de conservar la vida. El objeto ideal, el pecho, termina así tempranamente disociado en dos objetos, uno ideal y otro persecutorio. Las fantasías del objeto interno ideal son confirmadas por la madre externa real. Las del objeto persecutorio lo son por las experiencias reales de dolor y persecución. El niño trata de guardar dentro de sí al objeto ideal y de identificarse con éste, así como de mantener fuera al objeto malo y a su propio objeto interno persecutorio. Este período infantil denominado por Klein *posición esquizoparanoide,* se caracteriza por una escisión del Yo y una actitud persecutoria frente al objeto.

Para mantener este proceso se utilizan diversas defensas primitivas, tales como la *escisión,* ya descrita, la *negación mágica* (basada en la fantasía de aniquilación total de los perseguidores), la *idealización omnipotente* (del objeto ideal) y, sobre todo, de la *identificación proyectiva.* En ellas se escinden partes del Yo y objetos internos y se los proyecta en el objeto externo, que queda entonces poseído y controlado por las partes proyectadas, e identificado con ellas.

Muchos de estos mecanismos son normales: por ejemplo, la *escisión* permite trascender el caos y ordenar el universo de las expresiones emocionales y sensoriales y es por lo tanto una precondición para la integración posterior. Es la base de la capacidad de discriminar entre lo bueno y lo malo, y muchos aspectos de ella persisten hasta la madurez: la capacidad de prestar atención, de suspender la propia emoción para formarse un juicio, requieren de escisiones temporales y reversibles. Asimismo, la escisión es la base del futuro mecanismo de represión, y su intensidad será proporcional a la rigidez de los mecanismos represivos posteriores. Asimismo, cierto grado de angustia persecutoria es necesario para reconocer, evaluar, y reaccionar frente a circunstancias externas peligrosas, así como la relación con un objeto bueno requiere cierto grado de idealización, que persiste como la capacidad de enamorarse, de apreciar la belleza y de formarse ideales sociales o políticos.

La identificación proyectiva tiene asimismo sus aspectos positivos: Es la forma más temprana de empatía ("ponerse en el lugar del otro") y en ella se basa la primera clase de símbolos que se forman. Para salir de la posición esquizoparanoide, el individuo normal requiere que las experiencias buenas predominen sobre las malas, prevaleciendo el objeto ideal sobre los persecutorios, y que se produzca tanto una creencia sobre la bondad del objeto como sobre la bondad del Yo. El Yo se identifica con el objeto ideal, adquiriendo más fuerza y capacidad de enfrentar los miedos persecutorios y por lo tanto de disminuir la escisión entre objetos persecutorios e ideales, acrecentando así la integración personal.

c) *Envidia*

El desarrollo normal de la posición esquizoparanoide se ve impedido o bien por privaciones externas –sean físicas o mentales– o bien por factores internos. Melanie Klein considera a la "envidia temprana" como uno de dichos factores, el que actuará desde el nacimiento. La importancia prestada por Sigmund Freud a la envidia del pene es ampliada por Klein a otros tipos: la envidia por la potencia entre los hombres; la envidia del hombre por las posesiones o posición de la mujer; la envidia de las mujeres entre sí, etc.

Klein elabora extensamente la distinción entre envidia y celos. Los últimos se basan en el amor y su objetivo es poseer al objeto amado y excluir al rival. Son más tardíos y corresponden a una etapa de relaciones triádicas. La envidia es más temprana, y corresponde a una relación diádica, en la cual desea una posesión o cualidad del objeto: corresponde así a objetos parciales, mientras que los celos se refieren a objetos totales. Una tercera emoción relacionada es la voracidad, que busca poseer todo lo bueno del objeto, sin pensar en el posible daño o destrucción que se le puede infligir a éste. En la envidia, más que adquirir lo bueno a toda costa, el objetivo consiste en arruinar lo bueno del objeto para suprimir la fuente de la envidia. Esto hace que la envidia dañe la fuente de lo bueno y por lo tanto no permita introyecciones adecuadas: en este sentido, la envidia proviene del instinto de muerte: Melanie Klein dice que es la externalización directa del instinto de muerte. En esto difiere de la voracidad cuyas raíces están en la libido. Cuando se mezclan voracidad y envidia se producen ataques dañinos sobre el otro y sus introyecciones: en la mitología popular chilena, el "mal de ojo".

d) *La posición depresiva*

En el desarrollo normal, el bebé es progresivamente capaz de organizar gradualmente su universo a través de procesos de escisión, proyección e introyección. Consigue así sentirse cada vez más cerca de su objeto ideal, identificándose con éste. En la medida en que el Yo crece y se fortalece, sus propios impulsos malos le asustan menos y no se ve impelido a proyectarlos. Tolera sí mejor su impulso de muerte, y decrecen sus temores paranoides, disminuyendo la escisión y proyección y predominando la integración del Yo y su delimitación del objeto externo: en este momento se pasa a la *posición depresiva*. Melanie Klein definió a esta posición como la fase del desarrollo en la cual el niño reconoce un objeto total y se relaciona con éste. La madre como persona total será a veces buena y a veces mala, puede estar presente o ausente, y puede ser amada y odiada al mismo tiempo. El niño se percata de que no hay una madre buena y una mala, sino que es la misma madre quien es fuente de lo bueno y de lo malo. Al reconocer asimismo a la madre como un objeto total, el niño se percata de que ésta tiene vida propia, relaciones con otros.

Este cambio en la percepción de objetos se acompaña de un cambio en el Yo, el cual se integra como un Yo total, menos escindido en sus componentes. Este proceso de integración del objeto y del Yo es simultáneo y correlativo con la maduración fisiológica. La maduración del sistema nervioso permite una mejor organización de las percepciones, y el desarrollo y organización de la memoria. Recuerda así el que la madre que ahora lo frustra es la misma que lo gratificó, y la percibe más claramente como una misma persona.

Al percibir el niño que su madre es la misma persona que ama y odia a la vez, surge el conflicto ambivalente y la ansiedad básica de esta posición: el temor central ya no es ser aniquilado por objetos externos persecutorios, sino que sus propios impulsos destructivos lleguen a destruir a un objeto amado de quien se depende totalmente.

Cuando en el desarrollo normal predomina el amor por el objeto bueno, surgen nuevos sentimientos propios de la posición depresiva: el *duelo* y la nostalgia por el objeto bueno sentido como perdido o destruido, o la *culpa* por haberlo perdido gracias a la propia agresividad. En la desesperación depresiva, el bebé siente que ha dañado y destruido a la madre y que ya no puede recurrir a ella en el mundo exterior, y que tambien la ha dañado como objeto interno, por lo cual no tiene ya esperanzas de recuperarla. Se puede retroceder así a la posición esquizoparanoide. La experiencia de la posición depresiva moviliza en el niño el deseo de reparar a su objeto destruido. Quiere así compensar los daños causados y restaurar sus objetos de amor perdidos, devolviéndoles la vida e integridad. El conflicto depresivo es una lucha constante entre la destructividad del bebé y sus impulsos amorosos y reparatorios.

La experiencia depresiva marca un avance evolutivo crucial en la concepción de la realidad: el niño reconoce su propia existencia, así como la de sus objetos como seres distintos y separados de él. Distingue así sus propios impulsos y fantasías de la realidad externa. La "prueba de realidad" se fortalece, y disminuye la creencia del bebé en su propia omnipotencia: el fracaso de la reparación mágica disminuye igualmente la creencia en la omnipotencia del amor. Se establece así una relación realista con el mundo externo.

A lo largo de esta elaboración de la posición depresiva, el Yo se fortalece gracias al crecimiento y asimilación de objetos buenos introyectados en el Super Yo. La relación con el objeto progresivamente cambia, adquiriéndose la capacidad de amar y respetar a las personas como objetos aparte y diferenciados. El niño puede reconocer sus impulsos, aprender a controlarlos, responsabilizarce por ellos y tolerar la culpa.

El Super Yo asimismo cambia: desde un Super Yo persecutorio y un Ideal del Yo exigente, se produce una integración en la cual el Super Yo es vivenciado como un objeto total, ambivalentemente amado. Los ataques a este Super Yo integrado originan sentimientos de culpa y autoreproches. El SuperYo evoluciona hacia una imagen de padres amados, y es sentido como una ayuda en la lucha contra los propios impulsos destructivos.

El dolor del duelo vivenciado en la posición depresiva y los consecuentes impulsos reparatorios hacia los objetos amados internos y externos, constituyen la base de la creatividad y la sublimación. El anhelo de recrear los objetos perdidos impulsa al niño a juntar lo que ha hecho pedazos, a reconstruir lo destruido, a recrear y a crear. Al mismo tiempo, su deseo de proteger a los objetos lo lleva a sublimar los propios impulsos destructivos. Así, la preocupación por el objeto produce una inhibición de los impulsos instintivos. En la medida en que el Yo se organiza más y que las proyecciones disminuyen, la represión reemplaza a la escisión y los mecanismos neuróticos (inhibición, represión y desplazamiento) predominan sobre los psicóticos. En este momento surge la capacidad de *simbolización:* para proteger el objeto, el niño en parte inhibe sus impulsos, pero en parte los desplaza sobre sustitutos, a través del proceso de formación de símbolos. Los objetos así asimilados a través de este proceso de unión al objeto, duelo y sublimación, se recuperan internamente a través de símbolos del Yo. Así, pues, las situaciones de renuncia y pérdida a través del proceso de crecimiento, dan origen a los símbolos personales, que son pues la consecuencia de una pérdida y constituyen un trabajo creativo que implica el dolor y el trabajo del duelo.

El clima del pensamiento cambia totalmente durante la posición depresiva; se desarrolla la capacidad de establecer vinculaciones y de abstraer, lo que es la base del pensamiento maduro, que contrasta con el pensamiento desarticulado y concreto de la posición esquizoparanoide. En la medida en que el niño pasa por repetidas experiencias de pérdida, duelo y reparación, su Yo se enriquece con los objetos internos recreados que pasan a formar parte de él, aumentando su confianza en la propia capacidad para conservar o recuperar objetos buenos y su propia creencia en las posibilidades del propio amor.

e) *Defensas maníacas*

Ante las vivencias de depresión y desesperación del niño cuando teme haber dañado irreparablemente a la madre, surgen dos tipos de defensas: maníacas y reparatorias. Las primeras, que no son necesariamente un mecanismo patológico, están destinadas a impedir la vivencia de ansiedad y culpa depresivas. Para ello se evita, niega o invierte todo sentimiento de dependencia.

La relación maníaca con el objeto se caracteriza por una tríada de sentimientos: *control, triunfo* y *desprecio*. Éstos se ligan respectivamente con sentimientos de depender del objeto, con el miedo a la pérdida de éste y la culpa consecutiva, y de valorar y reconocer al objeto:

- Controlar al objeto es una manera de negar la propia dependencia de éste, obligándolo a satisfacer ésta: un objeto totalmente controlado es un objeto con el que se puede contar.
- El triunfo se vincula con la omnipotencia y con el ataque primario infligido al objeto durante la posición depresiva, y el triunfo experimentado al derrotarlo.
- Despreciar al objeto es negar directamente lo que se lo valora y actuar como una defensa en contra de la experiencia de pérdida o culpa. Un objeto despreciable no merece que uno sienta culpa por él, y el desprecio se convierte en justificación para seguir atacándolo.

f) *Reparación*

Los impulsos de restaurar y recrear a la madre destruida omnipotentemente en las fantasías agresivas del niño, hacen progresar la integración de éste. En el deseo y la capacidad de restaurar al objeto bueno se basa la capacidad del Yo para conservar el amor y las relaciones a través de conflictos y dificultades. Las actividades creadoras se basan igualmente en el deseo del bebé de restaurar y recrear su felicidad perdida, sus objetos y la armonía de su mundo interno. En la medida en que se suceden experiencias de pérdidas y recuperación del objeto, el Yo acrecienta la confianza en su propio amor y en su capacidad de conservar sus objetos internos.

El duelo elaborado enriquece al Yo: en la medida en que el proceso reparatorio permite soportar la privación sin ser abrumado por el odio, el objeto bueno se asimila al Yo. En la medida en que esto restaura y recrea interiormente el objeto perdido, éste le pertenece cada vez más. Esto permite asimismo una mejor y más directa relación con la realidad externa, al renunciarse al control omnipotente del objeto y aceptarlo como realmente es.

g) Los estadios tempranos del complejo de Edipo

La definición kleiniana de la posición depresiva considera que el Complejo de Edipo forma parte de esta posición. Al reconocer el niño a la madre como objeto total, advierte asimismo el importante vínculo que une a sus padres. Esta percepción, empero, es distorsionada por la proyección en los padres de sus propios impulsos libidinales y agresivos. Fantasea que los padres están constantemente unidos, situación que le origina intensa frustración, celos y envidia, al verlos dándose gratificaciones que él querría tener.

Reacciona a lo anterior con fantasías de ataque y destrucción, percibiendo así la relación parental interna como un introyecto dañado. Esta situación es enfrentada a través de diversos mecanismos defensivos, pertenecientes algunos a la posición esquizoparanoide, otros a la posición depresiva. Los primeros corresponden a la negación, escisión e idealización, que puede ser entre padres buenos, asexuales y padres malos, sexuales; o bien, entre la madre y el padre, viendo a uno como perseguidor e idealizando al otro. Esta forma se parece a un triángulo edípico genital, salvo por la extrema idealización del progenitor deseado y por la extrema persecución y odio hacia el progenitor rival. Otra fantasía frecuente es la de los *padres combinados,* en la cual la relación entre los padres es vista como una sola figura, que puede ser percibida como un padre odiado y amenazador, que se convierte en el centro de pesadillas y delirios persecutorios de los niños.

h) *Comentarios finales: La conceptualizacion kleiniana*

Algunos de los puntos de vista anteriores pueden parecer extremos y aun fuera de lugar a un lector desprevenido. Es necesario recordar que Klein planteó muchas de estas situaciones a partir del análisis de pacientes extremadamente alterados, y que su formación psiquiátrica era comparativamente escasa. En todo caso, con el correr del tiempo, muchos de sus puntos de vista han sido incorporados dentro del pensamiento analítico más clásico, colocándolos en un contexto cronológico diferente, y relativizando algunas de sus afirmaciones. Hoy día el pensamiento kleiniano influye en muchos otros sistemas, por un lado, y por otro, los seguidores de Klein no tienen la actitud cerrada inicial. Como otras innovaciones dentro del movimiento analítico, se ha llegado a una integración y coexistencia con múltiples y diversos puntos de vista.

CAPÍTULO 6
Los postkleinianos

I. Introducción

A partir de los escritos de Melanie Klein, surge un grupo importante de autores que desarrollan y enriquecen sus puntos de vista. Algunos, como Hana Segal (31), son capaces de explicitar y aclarar algunas ideas kleinianas inicialmente abstrusas. Otros, como Bion, decididamente aportan conceptos nuevos al pensamiento kleiniano, tales como las de "objetos bizarros" o vínculo K. La mayoría de éstos fueron británicos: además de los ya citados son importantes los nombres de Donald Meltzer y Herbert Rosenfeld. Algunos fueron argentinos, ya que en ese país el enfoque kleiniano tuvo profunda influencia: Heinrich Racker, Horacio Etchegoyen, David Liberman y León Grinberg están entre los principales exponentes rioplatenses de estos desarrollos. A continuación revisaremos sucintamente las ideas de estos autores.

II. W. R. Bion

Este médico, ingeniero y psicoanalista inglés ha sido una de las mentes más creativas que se hayan dedicado a esta disciplina. Su pensamiento ha sido difundido en Sudamérica por autores como Darío Sor. Entre los aportes originales de este autor, mencionemos:

- El de *continente-contenido*. Para Bion, una de las funciones importantes del analista es la de *contener* las ansiedades del paciente. Esta función se origina en los vínculos iniciales entre la madre y el niño, lazos profundos que incluyen no sólo la necesidad biológica de ser alimentado, sino la psicológica de poder volcar sus ansiedades en la madre. Ésta debe ser capaz de calmar al hijo cuando éste está intranquilo, desempeñando así la función de *reverîe* ("ensoñación") para él. Cuando la madre es incapaz de aceptar las ansiedades infantiles, el niño experimenta una ansiedad más intensa, denominada por Bion *"terror sin nombre"*, situación que lleva a la parálisis del funcionamiento mental.

La interacción continente-contenido tiene implicancias teóricas, al mostrar cómo se produce una interacción entre las ansiedades profundas del niño, ligadas a los celos, envidia y angustia de muerte, y la función maternal que puede elaborar o no estas emociones primitivas. Cuando esta función no se cumple, se crea la predisposición a la regresión mental y a la aparición de psicopatología severa, sea psicótica, psicopática o de personalidades severamente alteradas. Desde un punto de vista técnico, el concepto de analista-continente enfatiza la actitud receptiva del terapeuta frente a sus pacientes, pudiendo tolerar el primero el sufrimiento mental de éstos y devolverles interpretativamente sus ansiedades y culpas. Esto explica bien la estabilidad externa y la disminución inicial de síntomas ansiosos y depresivos en muchos pacientes al empezar el tratamiento, así como apunta a la importancia de evitar respuestas contratransferenciales rechazantes o poco empáticas.

Otros conceptos importantes bionianos se refieren a aspectos de la identificación proyectiva en pacientes psicóticos. Entre ellos está la noción de objetos bizarros, que se produce en estos pacientes cuando proyectan objetos parciales en objetos físicos externos.

Otro aporte original de Bion es el del *ataque al vínculo*, o ataque al pensamiento, en el que la envidia del paciente hacia la función cognoscitiva propia del analista hace que se destruyan ambas, y se produzca un estado de confusión mental que impide que el paciente comprenda lo que el analista interpreta. Bion conceptualiza así la psicosis como una fragmentación de la personalidad producida por una identificación proyectiva patológica, en que los elementos envidiosos o destructivos producen una multiplicidad de fragmentos (objetos bizarros) proyectados en el mundo externo. Esta "parte psicótica de la personalidad" se caracteriza por el temor a una aniquilación inminente, lo que configura relaciones objetales especiales, con acercamientos precipitados y prematuros, que se instalan con tenacidad, pero que a la vez son precarios y frágiles. Toda persona, para Bion, tiene una parte psicótica que se expresa en el análisis y fuera de él. Esta parte es la responsable de las resistencias más importantes con las que tropieza el analista. Para Bion son expresiones de esta parte psicótica el narcisismo patológico, la reacción terapéutica negativa, y la reversión de la perspectiva.

En el desarrollo alterado se produce una regresión a estadios tempranos del desarrollo. La evidencia clínica recolectada por Klein fue completada por Bion en relación a la psicopatología de la posición esquizo-paranoide. Algunos fenómenos patológicos típicos para él son:

• La identificación proyectiva patológica. En este proceso la parte proyectada es hecha pedazos y fragmentada en objetos diminutos, que a su vez desintegran al objeto en partes diminutas. La realidad, en este proceso, es experimentada esencialmente como persecutoria, y por ello es *violentamente odiada*. Este odio a la realidad lleva a intentar dañar, fragmentando y obliterando el aparato perceptual. Cuando la envidia es intensa, la percepción de un objeto ideal es tan dolorosa como la de un objeto persecutorio, repitiéndose así el proceso. Lo anterior impide una disociación limpia entre objetos buenos y malos y lleva a que el Yo se relacione con una realidad llena de "objetos extraños" violentamente hostiles y persecutorios. Este proceso daña gravemente al Yo, alterando el aparato perceptual, y crea un círculo vicioso en el que una realidad cargada de objetos extraños persecutorios amenaza a un Yo despojado y mutilado.

- Otro proceso característico de esta posición patológica que ya mencionamos es el *ataque al vínculo* en el cual el bebé ataca violentamente cualquier unión u órgano que perciba vinculando objetos. Se rompen y atacan así los vínculos entre el Yo y el objeto, interno o externo, o entre diversas partes del Yo, como por ejemplo entre las funciones de sentir y pensar. Los vínculos entre los otros objetos pasan a ser objetos de ataques envidiosos, al sentirse a sí mismo incapaz de vincular y envidiar la capacidad de establecer vinculos de los demás. Los vínculos así dañados se sexualizan y surge el complejo de Edipo temprano, que se da en un nivel oral, caracterizado no por los celos sino por una intensa envidia de la relación entre los padres. El bebé esquizoide es para Bion muy distinto del normal: tiene un aparato perceptual dañado, se siente relleno de objetos hostiles y desintegrados, sus vínculos con la realidad están cortados o son muy dolorosos, y su capacidad de establecer vínculos y de integrar se ha desbaratado.

III. Donald Meltzer

Este autor inglés ha adquirido progresiva influencia entre los analistas postkleinianos. Su primera obra, acerca de *El proceso analítico* (32), describe cómo un paciente despliega una secuencia de etapas transferenciales a lo largo de su psicoanálisis: la evolución de la transferencia tiene una evolución propia, a saber:

* La *recolección de la transferencia*, en la cual el analista es confundido con figuras de la vida real tales como padre, madre, mentor, etc.
* La *etapa de confusiones geográficas*, en la que por identificación proyectiva el paciente es utilizado para depositar ansiedades y emociones intolerables.
* La *etapa de confusiones zonales*, en la que se analizan procesos edípicos y preedípicos relacionados con las zonas erógenas de Freud (pecho, pene, boca, etc.).
* La cuarta etapa es *el umbral de la posición depresiva*, en la cual se alcanza un grado mayor –pero aún inestable– de integración.
* La quinta y última etapa, *el destete*, corresponde a la elaboración final y a la pérdida del analista-objeto. Aquí surgen típicas ansiedades depresivas, tales como dolor ante la pérdida, reconocimiento del paso del tiempo y procesos de integración.

Para Meltzer, el análisis es un proceso de crecimiento de la parte infantil de la personalidad, o sea, la tarea que tiene la parte adulta de hacerse cargo del niño que hay en la mente. Una segunda contribución de Meltzer es su conceptualización de los "estados sexuales de la mente" en el cual reconceptualiza la teoría del desarrollo psicosexual de Freud, reanalizando las perversiones desde el ángulo de las fantasías inconscientes en el vínculo. Diferencia así las perversiones, a las que ve como expresiones de la organización narcisista sadomasoquista, en la que son centrales las defensas contra ansiedades depresivas tales como la elección de objeto invertida y las confusiones zonales de los polimorfismos. Los últimos pueden clasificarse en *inhibiciones*, debidas a veces a un exceso de ansiedad persecutoria, casi siempre unidos a alguna forma de perturbación masturbatoria narcisista, o bien a un exceso de ansiedad depresiva, usualmente conectada con una intensa disociación de la bisexualidad; por otra parte distingue las *inmadureces*, que tienen una pobre diferenciación entre las tendencias polimorfas adultas e infantiles, con una intensificación de las primeras debido a confusiones zonales, y con respuestas genitales inadecuadas debidas a una deficiente identificación introyectiva.

Meltzer da importancia a la diferencia entre *identificación proyectiva* e *identificación introyectiva*. La última es la base de la sexualidad adulta: hay en ella una identificación con los objetos externos a los que se ama y admira, por los logros alcanzados en la posición depresiva. Apoyándose en Bick (33) estudió otro tipo de identificación, la *identificación adhesiva*, en la cual la piel funciona como una suerte de envoltura para partes de la personalidad separadas. Estos casos corresponden a las personalidades *"como si"*, de H. Deutsch: imitadores eternos, superficiales y necesitados de contacto, tienen que mantenerse apegados al objeto para no sentirse desmantelados y con una personalidad en desmembramiento.

Meltzer es uno de los autores que más lúcidamente han diferenciado los hallazgos postkleinianos de la teoría freudiana, al dar gran importancia a la transferencia como un despliegue del mundo interno del paciente y al centrar el proceso analítico en la elaboración de las fantasías inconscientes. Estas transacciones tienen lugar en el mundo interno, y son independientes de la realidad externa. Los sueños son la forma de expresión de las fantasías inconscientes cuando se duerme. Meltzer compara también el modelo kleiniano con el bioniano, insistiendo en la importancia dada en el último a la teoría del conocimiento (vínculo *K*). Para Meltzer, el modelo freudiano es neurofisiológico; el bionaniano, epistemológico; y el kleiniano, "teológico" (34).

IV. Herbert Rosenfeld

Este otro importante seguidor de Klein se preocupó del tratamiento de patologías graves, tales como las psicosis, el alcoholismo y los cuadros narcisistas. En un período en que la mayoría de los analistas seguían el postulado freudiano de que los cuadros psicóticos no eran accesibles al psicoanálisis, Rosenfeld comenzó a tratarlos, publicando su experiencia en 1965 en su clásica obra *Estados psicóticos* (35). En ésta utilizó el concepto de transferencia psicótica, con el que muestra cómo los pacientes graves alteran sus relaciones de objeto arcaicas con el analista: los pacientes distorsionan, a veces en forma delirante, la relación con éste. Por ejemplo, Mildred, una paciente descrita por Rosenfeld, malinterpretó la regla de la asociación libre como que el analista quería que ella vaciara todos sus pensamientos para poder reemplazarlos por otros introducidos por él.

Rosenfeld piensa que el uso de la identificación proyectiva en estos pacíentes produce las perturbaciones del pensamiento y de las funciones psíquicas propias de la esquizofrenia. Al proyectar masivamente aspectos de la mente en los objetos, se producen estados confusionales, se altera el juicio de realidad y de las percepciones. Al proyectar por ejemplo los propios impulsos sádicos, los pacientes se sienten muy perseguidos por el mundo externo al desprenderse de los objetos internos, y aparecen sensaciones de vacío y de extrañeza. La despersonalización sería consecuencia de una masiva identificación proyectiva.

En otros trabajos Rosenfeld estudió (36) los aspectos narcisistas de la personalidad, señalando cómo las relaciones de objeto narcisistas son defensas en contra de la reparación, lo que a su vez crea un círculo vicioso entre dependencia, separación y agresión. El necesitar a otros implica reconocer la bondad y amor provenientes del objeto, y a la vez agresión, angustia y dolor por las inevitables frustraciones que toda relación conlleva. Los celos y la envidia son emociones especialmente difíciles de tolerar, por lo que se proyectan masivamente. Rosenfeld aplicó finalmente sus estudios sobre interrelación entre narcisismo patológico y relaciones de objeto tempranas a otros cuadros clínicos graves, tales como el alcoholismo, las adicciones y la homosexualidad.

V. Heinrich Racker

Este analista europeo desarrolló sus trabajos sobre la contratransferencia en Argentina, consiguiendo conceptualizar el uso de ésta como un instrumento técnico del analista y como una fuente para construir las interpretaciones. El término contratransferencia ha sido usado en dos sentidos: uno amplio o laxo, para referirse a todas las emociones que tiene el analista en el tratamiento, y uno restringido, el utilizado originalmente por Freud, que se refiere a los estados emocionales producidos por los conflictos neuróticos del analista, y que interfiere con el proceso terapéutico.

Racker se apoya en el concepto amplio para señalar cómo el analista debe poder explorar la interacción transferencia-contratransferencia creada por el paciente, así como su propia respuesta individual a dicha interacción. El diferenciar ambos fenómenos es una tarea delicada y compleja: qué emociones pertenecen a la personalidad del analista, y cuáles corresponden al paciente. Para ello, este autor distinguió dos formas de contratransferencia: la *complementaria* y la *concordante.* En la primera, el analista se identifica con la parte correspondiente del paciente: el Yo de ambos se modifica de igual modo, esto a diferencia de la contratransferencia complementaria, en que el Yo del paciente induce reacciones desde el Ello o desde el Super Yo del analista: por ejemplo éste puede adoptar una actitud crítica frente a algunas actitudes del paciente, o bien reaccionar como un Ello especialmente permisivo frente a un paciente con un Super Yo rígido.

VI. León Grinberg

Este autor argentino, que posteriormente se radicó en España, amplió y completó las ideas de Racker al elaborar su concepto de la *contraidentificación proyectiva.* En ella, el paciente trata de repetir su historia intentando que el analista actúe como sus objetos primarios. Esto, si es entendido por el analista, lo hace reaccionar, más que con una contraactuación, con una interpretación acertada de lo que está sucediendo en el campo de la transferencia.

Otro aporte importante de Grinberg fue su estudio sobre *culpa y depresión* (37) en el que distinguió dos calidades de culpa: la persecutoria y la depresiva, que corresponden a las posiciones esquizoparanoide y depresiva de Klein, respectivamente. La primera corresponde a apaciguar a un objeto temido y perseguidor. La segunda, al fracaso en reparar el daño que se le ha hecho al objeto amado. El autor explica que la dupla contiene los estallidos violentos de agresividad dirigidos hacia afuera, así como la agresividad dirigidas hacia adentro de algunos intentos suicidas.

VII. David Liberman

Este psicoanalista argentino tuvo una destacada intervención en el movimiento psicoanalítico latinoamericano e internacional, centrándose su obra en la psicopatología psicoanalítica y en su integración con la teoría de la comunicación. Liberman clasificó los tipos de personalidad de acuerdo a su estilo comunicativo, en tres grandes grupos:

a) Pacientes con perturbaciones de *predominio pragmático:* psicopatías, perversiones, adicciones, esquizofrenias y enfermedad maníaco-depresiva;
b) Pacientes con perturbaciones de *predominio semántico:* esquizoidia, ciclotimia, órgano-neurosis, hipocondriasis y diátesis traumáticas;
c) Pacientes con perturbaciones de *predominio sintáctico:* histerias, fobias, obsesiones y compulsiones.

A través de sus estudios de la sesión y del proceso psicoanalítico, Liberman definió los principales tipos de personalidad y su estilo comunicativo. Los estilos tienen, a juicio de este autor, gran importancia en el proceso terapéutico, que debe adecuarse, complementándolo, al estilo el paciente: el analista debe expresarse en un nivel comunicativo no simétrico sino complementario al del paciente.

VIII. Horacio Etchegoyen

Otro analista argentino con una experiencia clínica extensa tanto en Buenos Aires como en Mendoza; entrenado en Gran Bretaña, Etchegoyen ha publicado una de las principales obras de técnica psicoanalítica hoy en uso: *Los fundamentos de la técnica psicoanalítica* (38), en la cual no sólo revisa a fondo los principales aspectos de la técnica, sino que elabora éstos desde una perspectiva teórica. Así, contribuye especialmente a temas tales como las formas de la transferencia, la perversión de ésta, las regresiones y el *impasse* en el proceso psicoanalítico, y el papel –central para este autor– de la envidia en la economía psíquica.

Plantea por ejemplo una estrategia detallada para la construcción de las interpretaciones, en la cual toma en cuenta los elementos asociativos de la sesión, así como los sueños y otras producciones del paciente y, muy especialmente, la contratransferencia del analista. Este conjunto, aparece centrado no en lo que el analista sabe, sino en lo que el paciente siente y puede entender en un momento dado. Un corolario de lo anterior es que al paciente no se le puede hablar suponiendo que recibe lo que le decimos de un modo realista, aunque aparentemente lo haga. Subraya, así, cómo cada paciente vive en *su* realidad psicológica, la cual construye activamente.

Entre otros aspectos centrales en el pensamiento de Etchegoyen, mencionemos el papel del desarrollo temprano, que se considera integrado en la personalidad, y que puede ser reconstruido en el proceso analítico; la importancia de la acción y las comunicaciones, centrado en la reaparición del conflicto infantil temprano, en la así denominada *psicosis de transferencia*; la confianza en que el proceso analítico puede devolver la verdad histórica (realidad psíquica) de los hechos, no así su verdad material; la idea de que el recuento de la historia vital del paciente es la *teoría* que éste tiene acerca de sí mismo, y que la tarea analítica es explicitar esta teoría en términos precisos y flexibles; la confianza de que el manejo adecuado y riguroso de la relación transferencial es interpretar el conflicto temprano sin recurrir a terapias activas o regresiones, lográndose así no tanto *corregir* los hechos del pasado sino *reconceptualizarlos*.

Etchegoyen ha tenido, tal como Liberman, un destacado papel en la Asociación Psicoanalítica Internacional, la cual presidió entre 1994 y 1997.

IX. Comentarios

Los puntos de vista de los seguidores de Klein se caracterizan por su interés en la clínica psicoanalítica, y por la aplicación de un foco importante en la constelación transferencia-contratransferencia. Algunos de ellos se centran en desarrollar cuidadosamente e implementar los puntos de vista de su maestra. Otros hacen aportes nuevos y divergentes, como por ejemplo Bion, con su concepto de continente-contenido. Entre los principales puntos de vista que comentaremos están:

– La controversia entre el foco intrapsíquico y el centrarse en el mundo interno del niño, de Melanie Klein, y la tendencia de Bion y otros a tomar como unidad de análisis la díada madre-niño. El rol de la madre como objeto externo es enfatizado no sólo por Lacan y Kohut, sino por Winnicott y varios postkleinianos. Bion, cuando habla de un aparato para pensar los pensamientos, señala que el desarrollo será producto de la interacción entre las disposiciones internas del niño y las funciones externas que cumple la madre.

– El concepto de continente-contenido llevó tambien a modificaciones técnicas al mostrar que la actividad del analista no consiste sólo en interpretar, sino en contener las emociones del paciente. Así, Meltzer se refiere a las funciones de "pecho-inodoro" del analista, que modula los aspectos del paciente y que, a través del *insight*, puede modificar el concepto de éste acerca de ellos.

– Otra variación de Bion en relación al punto de vista de Melanie Klein fue disminuir el anclaje genético y psicopatológico de ésta para hablar más de funciones y fases. El funcionamiento psicopático, para Bion es una regresión a etapas arcaicas, la cual todos podemos hacer, oscilando con un funcionamiento más progresivo, en fase neurótica. Los cambios de posición esquizoparanoide a posición depresiva se ven como fenómenos funcionales y oscilantes, más que como regresiones a etapas definidas del desarrollo. Desde ese punto de vista, los postkleinianos han superado la posición de realismo biológico y evolutivo propugnada por Klein.

– La pulsión de muerte es un común denominador a los desarrollos kleinianos, con su relación con los celos, la envidia, el narcisismo y las diversas formas de frustración. Los autores postkleinianos se refieren cada vez menos a un instinto de muerte en el sentido de Freud o Klein, prefiriendo mantenerse en el plano de la descripción de fenómenos clínicos ligados a la agresión y destructividad.

– La búsqueda del objeto es cada vez más central en las teorizaciones postkleinianas. El narcisismo es, para estos autores, una necesidad real de cierta relación controladora del objeto, ligada al temor a la separación para no reconocer la necesidad que se tiene de éste. Desde ese ángulo, se ha dicho que los postkleinianos tienen mayor conciencia de la importancia de la realidad externa que la que tenía Klein.

Tal como Melanie Klein, los postkleinianos desarrollan un marco conceptual propio, que no es freudiano, pero que está inserto en la metapsicología freudiana. Esto hace que conceptualmente sea confuso, al no poseer un "modelo de la mente" propio. Meltzer ha sido el autor que ha tratado más sistemáticamente de producir una metapsicología epistemológicamente ordenada, estableciendo sus diferencias con los puntos de vista de Freud y Klein. El mayor aporte e interés de los postkleinianos tiene que ver con fenómenos clínicos y con la situación analítica, lo que hace que el nivel de abstracción de sus trabajos sea muchas veces limitado. El tema de la contratransferencia, por ejemplo, ha sido elaborado una y otra vez por diversos autores, llegándose a variaciones en 180 grados en relación a los conceptos freudianos clásicos. Esto hace que se produzca una confusión terminológica que torna muy difícil el entendimiento entre personas que dicen practicar la misma disciplina. Esto ha llevado a que Wallerstein (39) se plantee la pregunta de si existen uno o muchos psicoanálisis.

CAPÍTULO 7
El grupo británico de relaciones de objeto

I. Introducción

Uno de los aportes trascendentes de Melanie Klein fue señalar la importancia de las relaciones de objeto, desviando el foco intrapsíquico de la teoría freudiana clásica hacia el plano interpersonal. Un grupo de analistas británicos desarrolló en forma sistemática las implicaciones de esta aproximación. Autores como Fairbairn, Balint y Winnicott, partieron de la teoría kleiniana acerca de las relaciones objetales tempranas, sin aceptar el concepto de pulsión de muerte. Al dejar de enfatizar la dotación innata de agresividad, priorizaron el papel del medio ambiente en la formación de la estructura endopsíquica. Para estos autores, la agresión es el resultado de una frustración proveniente del medio ambiente. La importancia dada a éste se traduce en la técnica terapéutica preconizada por ellos, en la cual se enfoca especialmente lo que el analista hace en la sesión: la actitud tolerante y paciente, la creación de un clima emocional adecuado, y un encuadre que pueda reparar las fallas de la madre real. Todo esto es considerado de gran importancia para la reestructuración de la personalidad del sujeto. Todos estos autores practicaron el psicoanálisis en el Reino Unido, aunque algunos como Balint eran de origen centroeuropeo. Un último autor, Donald Winnicott, cuyo pensamiento está emparentado con el grupo anterior, ha tenido tal impacto en el psicoanálisis actual, que merece estudio en un acápite aparte.

II. Fairbairn y Balint

Donald Fairbairn practicó en Edimburgo, y sistematizó una teoría de relaciones de objeto que se apartó no sólo del pensamiento kleiniano, sino del freudiano mismo, reformulando en forma importante la metapsicología y psicopatología psicoanalíticas. Su pensamiento, altamente original, comenzó a desarrollarse en la década del 40 a partir de su estudio de pacientes gravemente perturbados. Fairbairn desarrolló un punto de vista que se apartó de la base neurobiológica freudiana, para centrarse en hechos psicológicos y psicoterapéuticos, y en el desarrollo de una teoría del desarrollo psicogenético de la estructura de la personalidad en términos de relaciones objetales. Desde esta perspectiva, la teoría tradicional del rol de la libido pierde importancia, transformándose en un mero vehículo de la relación inicial del niño con los objetos del medio ambiente. Se define a *la libido esencialmente como buscadora de objetos,* y no de placer o de las descargas instintivas, como lo planteó Freud. En el punto de vista de este último autor, el sujeto nace con un monto determinado de energía psíquica que busca su descarga con el fin de restaurar el equilibrio. El objeto externo es por lo tanto esencialmente auxiliar en el objetivo primario de liberarse de la energía libidinal, o sea, disminuir la tensión y obtener así el placer. Fairbairn revisó radicalmente el esquema freudiano anterior, y planteó que "la libido busca primariamente al objeto (y no al placer, como lo postula la teoría clásica)" y que "el origen de todas las condiciones psicopatológicas deben buscarse en las perturbaciones de las relaciones de objeto del yo en desarrollo" (40). El ser humano es, por lo tanto, desde el momento mismo de su nacimiento, un individuo con un Yo, con cierto nivel de unidad y organización. A

148

partir de esta estructura inicial se ponen en juego las relaciones de objeto que darán su forma final a la estructura endopsíquica. Para Fairbairn, la psique del individuo está constituida como un espacio, habitado por objetos internos libidinales, tanto positivos (producto de relaciones gratificantes) como negativos (resultado de relaciones frustradoras). La estructura endopsíquica aparece claramente en lo sueños y en las fantasías diurnas. En ambos casos los personajes oníricos o fantaseados representan distintos objetos internos, o sea, diversos aspectos de la personalidad del soñante. Lo que sucede en los sueños es pues una "instantánea" de la vida endopsíquica del sujeto, y no sólo, como lo postula la teoría clásica, una realización de deseos. La estructura es concebida por Fairbairn como un mundo habitado por objetos internos, y no como un aparato constituido por instancias tales como el Yo, el Ello y el Super Yo. La mente está así poblada por tres clases de estructuras, dotadas cada una de ellas por un tipo peculiar de impulso: la primera está constituida por el yo atacante y el objeto atacante, dotados ambos de energía agresiva; la segunda es la unidad yo atacado-objeto atacado, dotados de energía libidinal. Finalmente, hay un yo observador-objeto observador: el Yo *central*. Se puede entender entonces cómo para Fairbairn el mundo interno está disociado. Las personas tienen no un solo Yo, sino varios, provistos de diversos impulsos: esto hace que todas las personas tengan una cercanía a la posición esquizoide, y que los fenómenos de escisión del Yo sean bastante frecuentes. La mente está poblada por unidades compuestas en las que se asocian partes del Yo con partes del objeto, ligadas por un impulso específico.

Esta compleja estructura proviene de la infancia temprana, en la cual el niño cuenta ya con un "Yo central" cargado con energía libidinal y agresiva. La experiencia de frustración a la que necesariamente la madre somete al niño en un momento dado, hace surgir la agresión en relación al objeto externo, el cual se torna, por lo anterior, amenazante. En la medida que pasa el tiempo, el Yo central, unitario, se disocia con el objeto de poder manejar los distintos aspectos que va tomando la organización mental. En la medida que transcurre el tiempo, la estructura psíquica termina dividida en tres partes: el Yo *central*, al cual se asocia la parte central del sujeto, llamado también el Yo *ideal*. Está luego un Yo necesitado, asociado con los aspectos excitantes del objeto: el Yo *libidinal*. En tercer lugar se forma un Yo rechazante que se une a los aspectos agresivos del Yo para formar el Yo antilibidinal, también denominado por Fairbairn el *saboteador interno*. El Super Yo es para este autor una estructura compleja, formada por el Yo *antilibidinal*, los objetos antilibidinales y el Yo ideal.

La secuencia evolutiva para este autor comenzaría entonces con la existencia de un Yo unitario en el momento del nacimiento, el cual reaccionaría a las inevitables frustraciones del medio ambiente con la introyección del objeto frustrante, el que a la vez es necesitado y rechazante. Esto lleva a la división de la representación del objeto internalizado en diversos aspectos, necesitados y frustrantes, junto con la escisión del Yo para relacionarse con cada una de estas partes. El Yo no tiene para Fairbairn una unidad total, y posee en su interior objetos internos contrapuestos.

Fairbairn utilizó el término *posición esquizoide* ya en 1941. Este término fue después adoptado por Melanie Klein, quien habló de la "posición esquizoparanoide". Fairbairn reformuló también los puntos de vista clásicos acerca de las fases del desarrollo y su relación con las neurosis. Para él cada tipo de perturbación se basa en un manejo específico de los objetos buenos y malos, a través de diversas modalidades de relación. Considera este autor a la histeria como más próxima a la fase oral, que a la fálica o genital. Guntrip, quien trabajó cercanamente con Fairbairn, resume así la teoría psicopatológica evolutiva de Fairbairn: "el *obsesivo* retiene ambos objetos como internos, e intenta dominarlos; el *fóbico* los trata como externos e intenta huir del objeto malo y refugiarse en el objeto bueno. El *paranoide* externaliza el objeto malo para odiarlo y atacarlo, pero acepta el objeto bueno como internalizado, y permanece identificado con él, llegando a convencerse así de que él tiene toda la razón. El *histérico* hace lo opuesto: externaliza el objeto bueno y se aferra a él en su mundo externo, al mismo tiempo que internaliza y rechaza el objeto malo en su mundo interno".

Fairbairn da mayor importancia a la dependencia infantil temprana que a la situación edípica. La única diferencia en esta última es que aparece un segundo objeto parental en vez de uno solo. La intensidad del conflicto edípico dependerá entonces de la gratificación inicial de las relaciones primordiales: mientras más gratificantes sean éstas, menos intensa será la necesidad física genital del niño. Estos deseos genitales no pueden ser satisfechos por completo, pero encuentran vías de descarga sustitutivas. La curiosidad sexual es una de ellas: las imágenes genitales de la madre y del padre son, al igual que los objetos arcaicos, escindidas en buenas y malas para luego ser internalizadas. Al terminar el desarrollo, estos objetos internos han asumido la forma de complejas estructuras compuestas, armadas mediante la superposición y fusión de los objetos.

Michael Balint fue un analista húngaro que emigró al Reino Unido. Tal como los autores anteriores, trabajó centralmente con pacientes graves, llegando a la conclusión de que la psicopatología de éstos se hace más comprensible si en vez de utilizar la teoría del conflicto mental propia del neurótico, se asume de que presentan una *falla básica* de algo que debió ser provisto en la niñez temprana. Esta "falla" constituye un ámbito mental independiente del conflicto edípico, y se basa en una relación objetal primaria, diádica, en la cual tanto la experiencia de ajuste entre sujeto y objeto (amor primario), así como la de frustración, adquieren una intensidad inusitada. El vehículo de conexión entre sujeto y objeto no es el lenguaje, sino la comunicación en un sentido más amplio: el tono de voz, y los elementos no verbales de la comunicación. Este *ámbito de la falla básica*, preverbal y preedípico es descrito por Balint como un *hueco* o *falla* en el sentido geológico y es distinguido por este autor del *ámbito edípico*, en el cual las relaciones son triádicas, la comunicación verbal es predominante, y el conflicto se centra en la lucha de fuerzas entre las instancias intrapsíquicas. Finalmente, describe el *ámbito de la creación*, en el cual no hay objeto externo: aquí aparecen los procesos creativos, sean de ideas o de generación de obras artísticas o poéticas. Alude ése a un sector de la psiquis en el cual se gestan todos los pensamientos, ideas y obras humanas.

A partir de su teoría de la "falla básica" Balint desarrolló su teoría de la cura. La falla implica que no hay fuerzas en lucha sino un hueco: la sensación del paciente es de que algo no fue completado oportunamente y que está en peligro la estructura general de la persona, sobre todo cuando ésta es sometida a tensión externa. El paciente que está en este ámbito vive las interpretaciones como gratificaciones o frustraciones, por lo cual el analista, tal como la madre en los primeros meses de vida del niño, debe estar dispuesto a brindar satisfacciones al paciente sin importarle sus propios deseos. Es sentido por el paciente como poderoso e importante, pero en la medida de que sea vehículo de gratificación. Cuando el terapeuta actúa en forma frustrante, el paciente, más que cólera o rabia, experimenta una intensa sensación de vacío. Esto lleva a una contratransferencia en la cual el terapeuta se siente obligado a proveer las gratificaciones exigidas, abandonando su posición de neutralidad técnica. Esta interacción se liga a la idea de Balint de que estos pacientes han regresado a una modalidad de relación preverbal, pudiendo a veces llegar a una regresión "maligna", en la cual solicita interminablemente gratificaciones, y no es capaz de usar las interpretaciones del analista para resolver su "falla", como sucede en la regresión benigna. Cuando sucede esto último, el paciente es capaz de un "nuevo comienzo", que le permite reconstruir adentro suyo algo de lo que carecía hasta el momento.

¿De qué depende que un paciente desarrolle uno u otro tipo de regresión? Balint señala que es necesario tomar en cuenta, por una parte, la estructura yoica del paciente. Por ejemplo, las personalidades histéricas con ganancia secundaria por sus síntomas son especialmente propensas a desarrollar regresiones malignas, y por otra, la respuesta del analista al proceso regresivo. La técnica clásica, con su énfasis en la neutralidad, proporciona pocas oportunidades para la regresión maligna, ya que provee pocas oportunidades de gratificación del paciente. Balint cree que el foco de esta técnica freudiana, que lleva a traducir el material a un lenguaje edípico, no es muy útil en estos pacientes. El interpretar los conflictos primitivos en la transferencia, como hacen los kleinianos, tiene sus riesgos: al utilizar términos verbales para describir procesos preverbales se puede, por una parte, "educar" al paciente y al mismo tiempo fomentar la idealización del analista. Balint plantea como una tercera alternativa el tolerar la regresión del paciente, intentando dar coherencia con palabras a los silencios, *acting out*, y otros fenómenos que aparecen en el curso de estas regresiones. El analista debe dar –durante las sesiones regulares– tiempo libre de tentaciones, estímulos y exigencias exteriores. Para ello el paciente debe ser capaz de encontrarse a sí mismo, sabiendo que presenta una cicatriz, su falla básica, que no puede eliminarse mediante el análisis.

Los tres autores anteriores subrayan la importancia de la relación temprana en la comprensión de los pacientes con trastornos severos. Para todos ellos es crucial la importancia de la relacion real del niño con su madre, constituyéndose el *self* a partir de este vínculo interpersonal. En la relación terapéutica se reactiva este vínculo, y el clima emocional de las sesiones adquiere gran importancia para estos pacientes. En estos casos severos el vínculo madre-hijo y terapeuta-paciente es más relevante para la cura que la interacción verbal o las interpretaciones.

III. Winnicott

Donald Winnicott fue un psicoanalista nacido a fines del siglo XIX en Londres. Inicialmente fue pediatra, pero después de psicoanalizarse con James Strachey se dedicó al psicoanálisis. En sus inicios tuvo una fuerte influencia de Melanie Klein, pero posteriormente desarrolló sus propios puntos de vista, que paulatinamente han ganado importancia entre los psicoanalistas contemporáneos de todo el mundo. Su experiencia como pediatra, y el haber tratado niños por largos períodos influyó en la importancia que le concedió en sus teorías al desarrollo temprano. Su primer trabajo, publicado en 1936, lo dedicó a analizar la relación entre los trastornos de la alimentación y los trastornos emocionales. Este trabajo lo llevó a acercarse por un período, a instancias de Ernest Jones, a Melanie Klein; ambos concedían especial importancia al desarrollo temprano. Posteriormente se apartó de ella, al dar cada vez más relevancia al ambiente en la determinación del psiquismo temprano. En 1960 escribe su trabajo quizá más completo sobre el papel de la madre en el desarrollo emocional del individuo, titulado *La teoría de la relación paterno-filial*. En él describe su visión del desarrollo, en la cual el niño nace indefenso, un ser desintegrado que percibe en forma desorganizada los estímulos procedentes del exterior. Además, plantea que el niño posee desde el nacimiento una tendencia innata al desarrollo, equivalente al "área libre de conflictos" de Hartmann. Este Yo *autónomo* abarca no sólo las funciones perceptuales, sino también las de motilidad y los propios instintos. La tarea de la madre es brindar un soporte adecuado (*holding*) para que las condiciones innatas del niño logren un óptimo desarrollo. Este soporte implica la capacidad de adecuar el medio ambiente a las necesidades del niño, y tiene entre sus factores centrales el hecho físico de sostener a la criatura en brazos. En la medida en que esta función de proveer cuidados es cumplida adecuadamente, el niño es capaz de integrar tanto los estímulos externos con la representación de sí mismo y de los demás, adquiriendo así un Yo sano. La madre funciona así como un Yo auxiliar mientras el niño logra desarrollar sus capacidades innatas de síntesis, integración, etc. Para poder proveer esta función de soporte adecuadamente, la madre debe entrar, de acuerdo a Winnicott, ya desde los últimos meses del embarazo, en un estado psicológico especial, que él denomina *preocupación maternal primaria*. Gracias a este estado, la madre queda sensibilizada con una peculiar capacidad para identificarse con las necesidades del niño. En resumen, el soporte inicial ofrecido por la madre es el factor que decide el paso desde el estado de no integración que caracteriza al recién nacido, al posterior de integración.

Cuando el Yo auxiliar provisto por la madre es insuficiente, el niño puede recurrir a la construcción de un *Yo auxiliar* falso, haciéndose cargo de sí mismo. Winnicott llamó a este fenómeno de formación *falso self*. Cuando la madre no provee la protección necesaria al frágil Yo del recién nacido, el niño percibirá esta falla como una amenaza a su continuidad existencial, con la vivencia subjetiva de que todas sus percepciones y actividades matrices son sólo una respuesta ante el peligro al que se ve expuesto. Cuando esto sucede, poco a poco el niño recurre a reemplazar la protección que le falta por una que él fabrica. Todo sucede como si se rodeara de una cáscara debajo de la cual se desarrolla el *self* del sujeto. Dice Winnicott: "Entonces el individuo se desarrolla a modo de extensión de la cáscara más que del núcleo, y a modo de extensión del medio atacante. Lo que queda del núcleo se oculta y es difícil de encontrar incluso en el más profundo de los análisis. El ser verdadero permanece escondido y lo que tenemos que afrontar clínicamente es el complejo falso ser cuya misión estriba en ocultar al verdadero". En otros artículos, Winnicott se refiere al papel de la madre en la constitución de un *self* falso, explicando que: "La madre buena es la que responde a la omnipotencia del pequeño y en cierto modo le da sentido. Esto lo hace repetidamente. El ser verdadero empieza a cobrar vida a través de la fuerza que la madre, al cumplir las expresiones de omnipotencia infantil, da al débil Yo del niño. La madre que no es buena es incapaz de apoyar la omnipotencia del pequeño, por lo que deja de responder al gesto del mismo; en su lugar coloca su propio gesto, cuyo sentido depende de la sumisión o acatamiento del mismo por parte del niño. Esta sumisión constituye la primera fase del *self* falso y es propia de la incapacidad materna para interpretar las necesidades del pequeño" (41).

Winnicott varió la extensión del papel que le dio al falso *self*, considerándolo primero como una formación presente en los pacientes graves, provocado por una falla en los cuidados maternos. Posteriormente consideró que el fenómeno del falso *self* está siempre presente, aunque con menores niveles de patología. En los casos más próximos a la salud, el ser falso actúa como una defensa del verdadero, a quien protege sin reemplazar. En los casos más graves, el ser falso reemplaza al real y el individuo (así como quienes lo rodeen) creen reconocer al núcleo de la persona, cuando en realidad sólo conocen la cáscara con que se rodeó. Finalmente, cree que hay un cierto grado de existencia del falso *self* que no sólo es compatible con la salud sino que es necesario para que ésta se dé. Winnicott explica esto así: "En la salud el ser falso se halla representado por toda la organización de la actitud social cortés y bien educada, por un "no llevar el corazón en la mano", si así se puede decir. Se produce así un aumento de la capacidad del individuo para renunciar a la omnipotencia y al proceso primario en general, ganando así un espacio en la sociedad que jamás puede conseguirse ni mantenerse mediante el ser verdadero a solas". El falso *self*, en especial cuando se encuentra en el extremo más patológico de la escala, se acompaña generalmente de una sensación de vacío y futilidad. Como se ha constituido a expensas del núcleo auténtico del *self*, obliga a éste a renunciar a sus impulsos en pos de una adaptación exitosa.

Otra observación clínica propia de Winnicott fue su descripción de los *fenómenos y objetos transicionales*. La afición de los niños a juguetes u objetos tales como ositos de trapo, mantas u ovillos, es explicada como la primera *posesión no-Yo* del niño, que funciona como una especie de puente tendido entre el mundo interno y el externo. Este concepto fue extendido posteriormente en tres niveles: uno de tipo evolutivo, otro vinculado con las defensas en contra de la ansiedad de separación, y finalmente otro espacial: un espacio dentro de la mente del individuo. El objeto transicional parece jugar un rol importante en el proceso de maduración del niño: al ser algo que no está definitivamente dentro ni fuera del pequeño, le sirve para ir demarcando sus propios límites mentales en relación con lo interno y lo externo.

El recién nacido vive en un estado de dependencia absoluta con respecto a su madre. La dirección del desarrollo, en condiciones ambientales favorables, lleva gradualmente al logro de la independencia y a una creciente diferenciación entre lo interno y lo externo. El objeto transicional se ubica en una zona intermedia entre estos espacios, que le permite al niño experimentar con objetos que, aunque están afuera, él siente como partes de sí mismo. La formación del objeto transicional es ligada por Winnicott al primer vínculo del niño con el mundo externo, realizado con la madre a través del pecho de ésta. Cuando el pecho es colocado en la boca del niño justo cuando éste lo necesita, es vivenciado inicialmente como parte del propio cuerpo. Esto lleva a una sensación de omnipotencia ilusoria inicial, que posteriormente se pierde. Se pasa así a la vivencia de que el pecho es una "posesión" del niño, pero externa a él. El objeto transicional ocupa un lugar denominado por Winnicott como *de la ilusión:* a diferencia del pecho, que no está disponible constantemente, el objeto transicional es conservado por el niño todo el tiempo. El objeto transicional, por ejemplo un osito de trapo, llevado por el niño a todas partes, tiene tambien un rol en la elaboración de los sentimientos de pérdida frente a la separación con la madre. Estos objetos, suaves y blandos, pasan a "representar" a la madre, y tienen una serie de características que son enumeradas así:

- El niño afirma una serie de derechos sobre el objeto que son respetados por los adultos;
- El objeto es amado, acunado pero a veces también mutilado;
- El objeto no es cambiado, a menos que el niño desee hacerlo;
- El objeto debe sobrevivir al amor, al odio y a la agresión del niño;
- El niño debe sentir que el objeto le da calor, se mueve, tiene textura semejante a la de la madre, o bien posee una cualidad que le da realidad propia.

Una característica importante del objeto es su capacidad de sobrevivir a la agresión del niño: en la medida que el objeto transicional no resulta irreversiblemente dañado por estos impulsos agresivos, el objeto interno que se forma es más fuerte y aumenta la capacidad infantil de neutralizar la agresión. La manipulación del objeto transicional permitió al niño instaurar en su interior suficiente indemnidad psíquica. Se crea así en la mayoría de nosotros un espacio intermedio entre lo interno y lo externo, en el cual se desarrollan muchas de las actividades creativas del hombre, entre ellas el proceso analítico. Por ejemplo, un cuadro o una pieza musical no son para el artista una parte de sí mismo en un sentido concreto, pero tampoco está totalmente fuera de él. Ocupa un lugar ambiguo, representando por una parte, el mundo interno para el exterior, y, por otra, la realidad para sí mismo. Describe así Winnicott este espacio: "Esta zona intermedia de experiencia, indisputada en lo que hace a su pertenencia a la realidad interior o exterior compartidas, constituye la mayor parte de la experiencia del pequeño y es retenida a lo largo de toda la vida dentro de las intensas experiencias propias del arte, la religión y el vivir imaginativo, así como de la labor científica creadora".

El objeto transicional puede, por otra parte, tener una evolución patológica, que este autor localiza en tres cuadros clínicos: el fetichismo, la adicción y el robo. El objeto adictivo, el fetiche o lo robado constituirían sustitutos del primitivo objeto transicional. Así lo explica Winnicott: "Puede plantearse la adicción en términos de regresión a la fase precoz en que los fenómenos transicionales no son disputados. Puede describirse el fetichismo en términos de la persistencia de un objeto específico o de un tipo de objeto que data de la experiencia infantil dentro del campo transicional, enlazada con la convicción delirante de la existencia de un falo materno. La pseudología fantástica y el robo pueden ser descritos en términos de la necesidad inconsciente y apremiante que siente el individuo de tender un puente sobre la laguna de la continuidad de la experiencia con respecto al objeto transicional". Este desarrollo patológico de los objetos transicionales es ligado por Winnicott con las fallas maternas, vínculos inconstantes o dificultades emocionales en el contacto, situaciones todas que alteran el desarrollo normal del objeto transicional.

Otro tema importante para Winnicott fue su teoría del desarrollo psíquico, donde también propuso puntos de vista originales, planteando que la maduración emocional se da en tres etapas sucesivas: la de integración y personalización, la de adaptación a la realidad y la de preinquietud o crueldad primitiva. Revisemos éstas sucesivamente:

a) *La etapa de integración y personalización*

Para este autor, el bebé nace en un estado de no integración y dependencia absoluta de la madre. Los núcleos del Yo están dispersos y para el niño están incluidos en la unidad que él forma con la madre, respecto de la cual está en una relación de dependencia absoluta. La meta de esta etapa es la integración de los núcleos del Yo y la personalización, o sea, adquirir la sensación de que el cuerpo aloja al verdadero *self*. La integración se obtiene a partir de un doble proceso: por una parte, la actitud de la madre, quien por así decirlo "recoge los pedacitos" del Yo y le permite sentirse integrado dentro de ella; por otra, las experiencias instintivas permiten "reunir la personalidad en un todo partiendo desde dentro" (42). A través de estas experiencias el bebé llega en un momento a reunir los núcleos de su Yo y a sentirse como distinto del medio que lo rodea. Éste es, dice Winnicott, un momento difícil, ya que el exterior puede ser sentido como peligroso y amenazante. Normalmente esto no sucede si la madre es capaz de proporcionar un cuidado amoroso al niño, posibilitando un desarrollo sano. De lo contrario, surge la posibilidad futura de desarrollos paranoides. Mas en general, la fragilidad del Yo en esta etapa de integración inicial crea la posibilidad de una futura regresión, la cual se produce en los quiebres psicóticos. El otro objetivo del desarrollo emocional en este período es la *personalización*, definida por Winnicott como "el sentimiento de que la persona se halla dentro de su propio cuerpo". El desarrollo normal llevaría al logro de un esquema corporal integrado, denominado por él *unidad psiquesoma*. Tal como la integración, la personalización requiere una confluencia de cuidados maternos satisfactorios con experiencias instintivas internas. Si bien Winnicott cree que las alteraciones de esta etapa de integración y personalización se expresan centralmente en los trastornos psicóticos, aclara también que todos los adultos y niños normales pueden pasar por estados de despersonalización o desintegración en condiciones de extrema fatiga o al enfrentar problemas emocionales intensos. Una última experiencia ligada a la no integración es la *disociación*. En ésta persiste cierta separación entre fragmentos del Yo, y sucede en situaciones tales como el sonambulismo o cuando existen dificultades del niño para aceptar que la madre que frustra es la misma que proporciona experiencias placenteras.

b) *La adaptación a la realidad*

En la medida que el niño progresa tenemos a un ser humano con un Yo relativamente integrado y con la sensación de que su *self* habita en su propio cuerpo, así como con la convicción de que él y el mundo son cosas separadas. A continuación, es necesario llegar a una relación óptima con ese mundo externo. Ésa es la tarea de la *adaptación a la realidad*. Cuando el niño tiene hambre puede alucinar algo que sacie su apetito. En ese momento, una madre *suficientemente buena* le ofrece su pecho, un objeto real. Esto constituye una de las funciones centrales de la madre: proveer a la criatura de los elementos de la realidad con los que puede construir la imagen psíquica del mundo externo. Para Winnicott, la fantasía precede a la objetividad y el enriquecimiento de aquélla con aspectos de la realidad depende de la ilusión creada por la madre.

Todo esto reposa en la calidad del vínculo temprano del niño y su madre, así como en la mente del propio niño. Señala Winnicott: "La actividad mental del niño hace que un medio ambiente *suficiente* se transforme en uno perfecto, es decir convierte el fallo de adaptación en un éxito. Lo que libera a la madre de la necesidad de ser casi perfecta es la comprensión del pequeño" (43). Esto adquiere importancia en cuadros patológicos en los cuales el medio no proporcionó los cuidados que el psiquesoma esperaba como elementales, y entonces la mente se ve obligada a una sobreactividad en la que el pensamiento del individuo asume el control y organiza el cuidado del psiquesoma. Esto lleva a sobrecompensaciones semejantes a las descritas por el autor al hablar del *falso self*.

c) *La fase de preinquietud, o de crueldad primitiva*

El paso final de integración de todas las imágenes que el niño tiene de su madre y del mundo implica tomar en cuenta su cuota innata de agresividad, la cual se expresa en conductas autodestructivas tales como chuparse el pulgar, meterse el puño en la boca, etc. Estas conductas pretenden preservar el objeto externo, dañándose a sí mismo para no dañar a la madre. Por otro lado, la madre es simultáneamente el objeto que recibe la agresión de la criatura, y que la cuida y protege. El poder reconocer que este objeto externo resiste la agresión del niño es un paso importante en el desarrollo de éste. La madre cuidadora y la madre agredida van acercándose en la mente del pequeño, quien adquiere así la capacidad de preocuparse por ella como un objeto total. Es aquí evidente la conexión entre esta idea y la *posición depresiva* de Melanie Klein. Winnicott explica su reemplazo del término "depresivo" por el de "inquietud" ya que esta última no tiene las connotaciones patológicas del utilizado por Klein. Si la madre no puede proporcionar los cuidados necesarios en esta etapa, en la fantasía del niño los impulsos agresivos han triunfado, y se mantiene la separación de la madre dañada y la madre amorosa. Asimismo, la incapacidad de sentir inquietud se traducirá en la imposibilidad de realizar conductas reparatorias y, por ende, actividades creativas. Una perturbación en este período de la maduración emocional dará como resultado un individuo temeroso de sus propios impulsos, sin capacidad creativa, y con un mundo externo e interno fragmentado, que refleja la madre escindida que guarda en su interior.

En Winnicott, por lo tanto, la maduración emocional del ser humano implica una travesía desde la dependencia absoluta a una posición independiente. En este recorrido la madre juega un rol fundamental, no sólo para conservar la vida del niño, sino para la construcción de un mundo interno suficientemente integrado. La agresión del niño tiene un rol no sólo destructivo, sino una vocación de conexión con el objeto: es el puente que tiende la criatura hacia el medio externo. El éxito en este desarrollo se evidencia por la capacidad para la creatividad y la fantasía, esenciales en el desarrollo del adulto sano.

Otra área importante en las teorías de este autor tiene que ver con sus ideas acerca de la comunicación. Para él, el ser verdadero es el núcleo de la personalidad, y permanece oculto. El *falso self* lo cubre en mayor o menor grado, conformando así diversos cuadros de salud o enfermedad. Winnicott considera normal un cierto nivel de "encubrimiento" del ser verdadero. Desde esa tesis, no ve tan negativamente como otros puntos de vista la falta de comunicación: tradicionalmente, la falta de verbalizaciones en el análisis ha sido considerada una resistencia. Winnicott agrega que la no comunicación a veces puede cumplir con la función adaptativa de preservar al ser verdadero, manteniendo cierta parte de él en la clandestinidad. Propone que la falta de comunicación con el mundo externo puede corresponderse con un aumento de la comunicación con el mundo interno, y que esto ayuda a instaurar un sentimiento de realidad. Propone por lo tanto distinguir dos formas de incomunicación: la *simple* y la *activa*. En la primera, la persona estaría momentáneamente relacionada con sus objetos internos. Puede ser considerada un descanso del que retorna fácilmente a la comunicación. La forma activa, por el contrario, se acerca más a la patología. El repliegue del individuo hacia sus objetos subjetivos puede significar una necesidad exacerbada de contacto con el *self* verdadero, para lograr un sentimiento de realidad del que carece. El caso extremo de esta incomunicación es el que se ve en el *autismo*. Allí el enfermo tiene una comunicación intensa y absorbente con su propio mundo, y quienes le rodean no suscitan respuestas comunicacionales. En todo caso, Winnicott rescata un valor positivo del repliegue: "La preservación del aislamiento personal forma parte de la búsqueda de identidad y de la instauración de una técnica personal de comunicación que no conduzca a la violación del ser central"(44). Se logra así un estado intermedio en el cual "estoy con el otro, pero sin dejar de ser yo mismo".

Dentro de los temas clínicos que más interesaron a Winnicott deben señalarse los problemas de la psicosis y la psicopatía. En el caso de las neurosis, este autor utilizó la teoría clásica, que las explica a través del Complejo de Edipo. En los cuadros antes mencionados priorizó la importancia de las fallas ambientales y sus consecuencias sobre la estructuración del *self* verdadero y falso. Cualquier falla en la provisión materna es sentida como un ataque al núcleo del *self*, el cual se defiende de un ambiente sentido como hostil formando una coraza a través de la cual se somete parcialmente al medio atacante. Esta coraza es denominada *falso self*. Los ataques impiden además la integración del Yo, lo que es ligado a la psicosis: "Etiológicamente, esta enfermedad está ligada con la falla ambiental, es decir, con la falla del medio en su misión de posibilitar los procesos de maduración en la fase de dependencia absoluta". Otro trastorno en el cual esta falla ambiental tiene un importante papel patógeno es la psicopatía o tendencia antisocial. Para este autor este término describe una afección adulta consistente en una delincuencia no curada. El delincuente es un niño o niña antisocial que toma una actitud, que tiene cierta lógica, de que "el medio ambiente me debe algo". Frecuentemente esta actitud parte de una adaptación originaria del medio al niño que se produjo en una fase no lo bastante precoz como para dar origen a una psicosis. Plantea además que la tendencia antisocial, lejos de expresar impulsos agresivos y vengativos respecto del medio ambiente frustrante, es una manifestación de esperanza de que éste note la falla y la corrija. La psicopatía es un estadio más avanzado del trastorno, en el cual se produce un endurecimiento de las defensas ante el "desengaño total".

Finalmente, revisemos algunas de las consecuencias prácticas a nivel de técnica terapéutica de los anteriores desarrollos teóricos de Winnicott: enfatiza este autor el hecho de que el encuadre analítico reúne las condiciones necesarias para favorecer la regresión del paciente. Esta regresión se hace hacia etapas muy primarias del desarrollo emocional del ser humano, en las que el mundo era sólo la relación diádica con la madre. En ese sentido, el espacio de la sesión brindaría una segunda oportunidad, otorgando el sostenimiento "suficientemente bueno" que el individuo no tuvo en su infancia. ¿Por qué el encuadre favorece la regresión? Hay varias razones: el analista es una presencia predecible, se preocupa por entender al paciente, no juzga al paciente, y recibe su amor y odio. En suma, reproduce las técnicas de maternalización tempranas, e invita confiablemente a la regresión. Por otra parte, existe un factor de índole endopsíquica que favorece la regresión: cuando las fallas ambientales tempranas son repetitivas, existe un congelamiento de la situación de fracaso. El análisis viene a llenar un vacío en la historia del sujeto que quedó a la espera de ser llenado. Postula Winnicot lo siguiente: "En la teoría del desarrollo del ser humano hay que incluir la idea de que es normal y sano que el individuo pueda defender al *self* contra un fracaso específico del medio a través de la congelación de la situación de fracaso. Junto a esto va la suposición inconsciente, susceptible de transformarse en una esperanza consciente, de que más adelante habrá oportunidad de una experiencia renovada en la cual la situación de fracaso pueda ser descongelada y reexperimentada. Afirmo pues la teoría de que la regresión es parte de un proceso curativo" (45).

Desde el ángulo anterior el proceso analítico puede ser resumido como proveyendo primero un marco que inspira confianza. Este marco posibilita al paciente *llegar a* un estado de regresión, con la debida sensación de riesgo que ello comporta. Se produce allí una descongelación de la situación de fracaso ambiental (que es sentida en la transferencia como el fracaso del analista). Desde una mayor fuerza del Yo, el paciente se permite sentir rabia en relación al fracaso ambiental precoz, reexpresado en el presente. Se transita desde la dependencia regresiva, progresando en forma ordenada hacia la independencia. Las necesidades y deseos instintivos pasan a ser realizables con auténtica vitalidad y vigor, como resultante de la progresión descrita. El paciente en regresión no *recuerda* su pasado sino que lo vive. Él *está* en el pasado. El estado regresivo favorece las actuaciones, lo cual debe ser comprendido por el analista como parte de la regresión y no como una complicación del tratamiento. El vínculo que establece el paciente regresivo requiere del analista una actitud muy especial, dado que lo que se espera de él es que actúe con una sensibilidad extrema. Tal como la madre en los primeros meses de vida, deberá poder percibir lo que el paciente necesita. Muchas veces es necesario guardar absoluto silencio o mantenerse totalmente inmóvil para no obstaculizar el proceso que se desarrolla en el interior del paciente. En otras oportunidades, la verbalización del fenómeno tranquiliza al paciente y le permite recordar el fracaso ambiental original que dio lugar a la enfermedad. En resumen, el psicoanalista debe lograr una identificación tal con el paciente que le permita intuir qué es lo que necesita de él, tal como se espera que lo haga una madre "suficientemente buena".

La visión anterior modifica algunos de los conceptos centrales de la teoría habitual de la técnica psicoanalítica: la neurosis de transferencia, por ejemplo, es difícil de estructurar en pacientes regresivos que transitan por un estado de desintegración del Yo. En estas condiciones el marco psicoanalítico es más importante que la interpretación, y la función del *holding* pasa a ser más importante que los fenómenos transferenciales.

IV. Comentarios

El conjunto de autores que acabamos de estudiar ha propuesto una reformulación radical de las teorías psicoanalíticas freudianas clásicas, superando muchas de las objeciones tanto epistemológicas como prácticas que se les han formulado a éstas. Al mismo tiempo, han sido capaces de integrar en un todo conceptualmente coherente muchas de las observaciones clínicas formuladas por Melanie Klein desde su trabajo con pacientes gravemente perturbados. Resumamos a continuación algunos de los aportes de la así llamada" escuela británica":

-   Descartan la teoría de los instintos de Freud, y hacen así disminuir el rol central de lo biológico utilizado por éste en la comprensión del funcionamiento mental. Acentúan, por el contrario, el encuentro interpersonal, postulando que el vínculo entre las personas es fundamental para la comprensión de los individuos. Pasan por lo tanto desde una psicobiología hacia una psicología interpersonal, centrada en las relaciones de objeto. Al descartar explícitamente la teoría de la libido, postulan que la actividad psíquica es entonces buscadora de objetos, más que de descarga de tensiones internas. Para Fairbairn, la libido es buscadora de objetos, o sea, de relaciones amorosas con la madre primero y con otras personas después.
-   Descartan la teoría del instinto de muerte de Freud, explicando la agresión no como la resultante de una innata pulsión tanática, sino como el resultado de la frustración. En esto difieren también de Klein, quien parte de la base de una montante innata de agresión, y se inscriben entre los teóricos ambientalistas, al dar

mayor realce a las influencias del medio externo en la aparición de las conductas destructivas de los seres humanos.

– Plantean el concepto de que la mente, denominada por ellos mundo interno, está poblada por objetos que se relacionan entre sí y a la vez lo hacen con el mundo externo. Estos objetos se forman a partir de interacciones tempranas con objetos externos, inicialmente con la madre. El funcionamiento mental parte de un estado de no integración de estos objetos, y lentamente progresa en el sentido de una coalescencia de estructuras integradas, como por ejemplo el Yo. Explican los sueños como un escenario en él cual se representan directamente los objetos internos. La idea del mundo interno es más plástica y descriptiva de la realidad humana que la del aparato psíquico de la teoría estructural freudiana: en ese sentido hay un avance desde el modelo mecanicista y objetivante del psicoanálisis tradicional.

– Dan especial importancia, a partir de su experiencia clínica, a los estados esquizoides, como ejemplos de regresiones a etapas primitivas del funcionamiento humano. Se describen luego los diferentes cuadros psicopatológicos como formas de disociaciones y proyecciones de objetos internos y externos buenos y malos: las fobias, como proyección de objetos malos en el mundo externo; los cuadros paranoides como introyección del objeto bueno y proyección del malo fuera; las melancolías como introyección del objeto malo y proyección del bueno, etc.

– La estructura mental es entendida como unidades de objetos internos ligados a objetos externos por lazos afectivos. Estas unidades coalescen en sistemas que no necesariamente constituyen un Yo unitario, como en la teoría estructural freudiana clásica. Así, por ejemplo, Fairbairn prefiere hablar de diferentes Yo y Super Yo según su carácter libidinal o antilibidinal, de persecución interna o de estímulo creador, respectivamente.

- La teoría del desarrollo es vista como una progresión desde un estado de dependencia absoluta de la madre, hacia un grado mayor de autonomía e independencia del Yo. Este proceso puede sufrir retrocesos y regresiones, los cuales dan origen a diversas manifestaciones clínicas.

- A partir de las consideraciones teóricas anteriores, estos autores flexibilizan el método terapéutico, tanto que para algunos ellos hacen, más que psicoanálisis, psicoterapia analítica. Balint, por ejemplo, para superar la "falta básica" sugiere un acompañamiento que permita un nuevo comienzo: da mayor importancia a lo que se hace que a lo que se interpreta. Su distinción entre tres áreas de funcionamiento mental, la de la falta básica, la edípica y la creativa, es quizá demasiado esquemática. Uno de los problemas prácticos y teóricos de estas aproximaciones es su dificultad en integrar las transiciones de un modo de funcionamiento con el otro, y su falta de reconocimiento del rol de los fenómenos triádicos o edípicos aun en pacientes muy regresivos. Winnicott también postula la existencia de tres espacios psíquicos: el interno, el externo y el transicional, entendiendo el primero como originario de un período de narcisismo primario y de fusión inicial con la madre.

- Winnicott, tal como los autores anteriores, al preferenciar sobre todo el vínculo del niño con su madre, ve la terapia como la posibilidad de proporcionar un marco emocional de confianza y sostén adecuado para que el paciente se anime a exponer su *self* verdadero, ofreciéndole al paciente lo que no tuvo: una madre suficientemente buena. El origen de Winnicott en la pediatría explica su actitud menos inquisitiva e intelectual que la de Freud, formado como neurólogo.

La definición de un tercer espacio mental, transicional o de la creatividad, ha sido un aporte importante de esta corriente, al abrir la posibilidad de conceptualizar los fenómenos culturales y religiosos como propios de esta área, explicando así su rol estabilizador en el desarrollo individual. Tal como en cuanto al desarrollo temprano, se otorga aquí una importancia al medio externo mayor que en otras teorías, abriendo un camino para aceptar que el crecimiento emocional puede darse a través de interacciones constructivas con la realidad externa, no sólo en el desarrollo inicial a través de un adecuado vínculo maternofilial, sino posteriormente, a través de experiencias positivas con individuos (tales como los psicoterapeutas) o con instituciones culturales o religiosas. Se abre así un camino para intervenciones preventivas y correctoras a través de escuelas, iglesias y otros grupos humanos.

CAPÍTULO 8
La psicología del *self* de Heinz Kohut

I. Introducción

Uno de los enfoques de más interés hoy día es la teorización sobre el "sí mismo" *(self)* desarrollada por Heinz Kohut. Este autor ha escrito varias obras que han tenido gran difusión, así como creado polémicas en la comunidad psicoanalítica. Si bien Kohut comenzó como un defensor del psicoanálisis clásico y del modelo pulsional original propuesto por Freud, llegando a ser presidente de la Asociación Psicoanalítica Americana, posteriormente varió su punto de vista al comenzar a analizar pacientes gravemente perturbados. En 1971 publicó su primera obra clásica, titulada en inglés *The Analysis of the Self* (46), en la que delineó los "desórdenes narcisistas de personalidad" como entidades con un origen evolutivo específico, y en la que planteó que estos pacientes podían ser tratados mediante psicoanálisis. En este período, Kohut se veía a sí mismo manteniéndose dentro del modelo clásico de psicoanálisis. Sólo en 1977, en su segunda obra teórica, denominada *The Restoration of the Self* (47), desarrolló un nuevo marco referencial, postulando que el modelo instintivo clásico no daba cuenta de muchos de los fenómenos clínicos que se veían en estos pacientes, y que era necesario desarrollar un nuevo marco referencial, al cual denominó la *psicología del self.*

El modelo de aparato psíquico propuesto por Kohut se centra en el sí mismo *(self)*, al cual define como "un centro de iniciativas y un receptáculo de impresiones".

Este *self* tiene funciones que en muchos modelos previos se asignan al Yo, y proviene de los intercambios tempranos y posteriores a lo largo de la vida entre el sujeto y el mundo objetal. La diferencia entre Kohut y psicólogos del Yo, tales corno Hartmann o Jacobson, es que para éstos el *self* es una representación que se encuentra dentro del Yo, mientras que para Kohut el *self* es un centro independiente de actividad psíquica.

II. Kohut y su obra

Heinz Kohut fue un médico vienés, neurólogo hasta su emigración a los Estados Unidos al inicio de la Segunda Guerra Mundial. En ese momento, y al instalarse en Chicago, se dedicó al psicoanálisis. Como dijimos, por un tiempo largo sus puntos de vista fueron los de la psicología del Yo. A fines de la década de 1950 sus intereses cambiaron hacia los problemas del narcisismo, presentando en el año 1959 un trabajo sobre *Instrospección, empatía y psicoanálisis*, en el que planteó algunos de los puntos de vista que posteriormente iba a desarrollar en forma mucho más extensa. En ese trabajo define los hechos psicológicos como aquellos observables a través de la instrospección y la empatía, distinguiéndolos de las observaciones conductuales, no psicológicas para él. Asimismo, con este punto de vista se separó de los puntos de vista adaptativos basados en la biología o etología, muy populares en el análisis americano de esos años. Utilizó su punto de vista para estudiar específicamente los *cuadros narcisistas* en los cuales el analista es visto o como parte del paciente o como una imagen especular de sí mismo. Igualmente, describió una línea de desarrollo infantil, la narcisista, la cual no es un fenómeno ligado al desarrollo de la libido objetal, como lo planteó Freud originalmente, sino un camino paralelo al de ésta. El resultado del desarrollo libidinal es la estructura tripartita de la mente, y el de la línea narcisista, el *self*. En un primer período, Kohut aplicó sus conceptos sólo a los desórdenes narcisistas: ése fue el tema de su primer libro, el *Análisis del Self*. Posteriormente, amplió la aplicación de sus puntos de vista a otros cuadros, en la *Restauración del Self*. En sus obras finales Kohut radicalizó sus puntos de vista, señalando que las alteraciones de la libido objetal eran *secundarias* a las vicisitudes del narcisismo.

En este resumen de las ideas de Kohut revisaremos primero algunos conceptos importantes acerca del narcisismo, para luego revisar la teoría kohutiana del desarrollo, su clasificación de la psicopatología, sus puntos de vista acerca de la cura, para finalizar con algunos comentarios críticos acerca de estos puntos de vista.

III. El narcisismo

Este conjunto de cuadros ha sido estudiado en forma repetida en la última década. El concepto de narcisismo data de la Antigüedad Clásica, en que el mito de Narciso describió las consecuencias autodestructivas del exceso de preocupación por uno mismo. A fines del siglo pasado Havelock Ellis (1898) y Nacke (1899) introdujeron el término en clínica, fundamentalmente para ligarlo a las alteraciones autoeróticas de la sexualidad. Sigmund Freud lo utilizó en forma cada vez más frecuente en varios de sus historiales clínicos tales como Leonardo y El caso de Schreber. En 1914 escribió un ensayo (*Introducción al narcisismo*) en que sistematizó su pensamiento en términos de las tendencias de preservación de la libido orientada hacia el interior del individuo. Freud utilizó el término de neurosis narcisísticas para referirse específicamente a las psicosis (esquizofrenias, paranoia y melancolía). Sólo en 1931 lo amplió al plano de la personalidad al describir el carácter de tipo narcisista, como centrado en sí mismo, exhibicionista y poco sensible a las necesidades de los otros.

El tema clínico del narcisismo fue posteriormente elaborado por diferentes psicoanalistas tales como Karl Abraham, Otto Rank, Paul Federn, Wilheim Reich, Otto Fenichel y Michael Balint. Todos estos autores enfatizaron progresivamente los aspectos caracterológicos y apartaron el término de su ligazón inicial a la psicosis.

Posteriormente los llamados "Psicólogos del Yo" reelaboraron el concepto: Heinz Hartmann (1958) redefinió el narcisismo como la carga libidinal del *self* y Edith Jacobson (1964) formuló una teoría de las representaciones internas basada en el concepto de *self* (sí mismo) y objeto. Esta teoría ha sido nuevamente desarrollada en el sentido de las relaciones de objeto por Otto Kernberg en el sentido de una psicología independiente del *self* (48) y algunos de sus discípulos, tales como Arnold Goldberg, Ernest Wolf y Paul Ornstein.

Kohut planteó inicialmente que el *self* era un contenido del aparato psíquico, que forma parte tanto del Yo como del Ello y del Super Yo. El *self* es, por lo tanto, una parte del aparato psíquico. Relaciona allí el *self* con las representaciones de objeto, que se constituyen por la internalización de los *objetos del self* (o auto-objetos). Estos objetos son inicialmente personas externas que cumplen esa función: el padre o la madre, definidos por este autor como "objetos que están al servicio del *self* y de la preservación de su estructura instintiva, o bien son vividos como parte de éste". El *self* se va formando por la internalización de estos auto-objetos arcaicos, los cuales pueden ser de dos tipos: *objetos del self grandiosos,* que proporcionan las ambiciones y metas, y las *imagos parentales idealizadas* de cuyas internalizaciones surgen los ideales del *self.* Esto lleva a un sí mismo estructurado bipolarmente. Entre ambos polos se establece un arco de tensión el cual determina "las actividades básicas de una persona a las que se ve *impulsada* por sus ambiciones, y *guiada* por sus ideales". El área intermedia entre ambiciones e ideales es, según Kohut, la de las aptitudes y los talentos. La libido narcisista catectiza objetos del *self,* a diferencia de la libido objetal, que catectiza objetos externos. Estos *auto-objetos* son definidos como objetos que experimentamos como parte de nuestro *self,* o sea que son controlados como un adulto espera controlar su propio cuerpo y mente, más que del tipo de control que espera obtener sobre los demás.

Los objetos del *self* pueden ser clasificados en tres categorías: los *objetos del self grandioso, la imagen parental idealizada,* y una tercera categoría descrita posteriormente, el objeto del *self* de tipo *alter ego* o *gemelar.* Éstos se reactivan en el análisis en tres tipos de transferencias: la *transferencia especular,* que reactiva etapas tempranas del desarrollo en las cuales el niño tiene fantasías omnipotentes mediante las que alimenta un *self* grandioso: los padres y los demás objetos son vistos como reflejos del exhibicionismo y grandiosidad del niño, quien siente que concentra en sí todo lo bueno, atribuyendo al medio externo todas las imperfecciones. En la situación terapéutica esto significa que el analista es visto como un testigo privilegiado de los merecimientos, atributos y habilidades del paciente. Esta actitud reflectante o especular sirve para dar cohesión y continuidad temporal al paciente, creándose así una relación que catectiza el *self* del paciente, dándole solidez y proveyendo así la base para una buena autoestima. La *transferencia idealizadora,* por el contrario, reactiva la relación del niño con un objeto a quien el niño ha experimentado como la base de toda calma y seguridad. El individuo aquí afirma su autoestima en su cercanía al objeto idealizado, luchando para que esta unión no se vea interrumpida. Finalmente, la *transferencia gemelar* o *de alterego* es aquella que reactiva un vínculo con un auto-objeto vivenciado como un gemelo, o sea como un ser con el que se comparten ideales, ambiciones y metas.

Los elementos anteriores se traducen en fenómenos clínicos muy específicos, que han sido descritos en las así llamadas personalidades narcisistas. Estos pacientes pueden aparecer superficialmente no sólo normales sino como exitosos en su desempeño externo. Sin embargo, cuando se explora éste con más detalle, se observa que estos pacientes se relacionan con los demás como si éstos fueran extensiones (imágenes en espejo) de ellos mismos y que los intentan utilizar o manipular constantemente para satisfacer sus propias necesidades. Kohut ha descrito la respuesta de "rabia narcisista" como muy típica de estos pacientes cuando el mundo externo falla en reflejar admirativamente sus necesidades. Esta reacción de despecho y rabia junto al amor propio herido lleva a vivencias de angustia y de vacío con intentos de destruir o reemplazar rápidamente a la persona u objeto perdidos, más que echar de menos o intentar reconstruir la relación. La autoimagen del narcisista es precaria y para evitar su fragmentación debe recurrir a diferentes maniobras. Éstas hacen que estos pacientes aparezcan tranquilos y seguros, en cuanto consiguen el tipo de admiración externa que están constantemente buscando.

Los síntomas descritos por Kohut en los pacientes narcisistas se centran en diversas esferas:

1. En la sexual, donde aparecen fantasías perversas y falta de interés en el sexo.
2. En la social, con inhibiciones en el trabajo, incapacidad para formar y conservar relaciones significativas, y actividades delictivas.
3. En la personalidad manifiesta, con pérdida del humor y de la empatía con respecto a las necesidades y sentimientos de los demás, pérdida del sentido de las proporciones, tendencia a los ataques de ira incontrolada y mentiras patológicas.
4. En la esfera psicológica, con preocupaciones hipocondríacas sobre la propia salud y perturbaciones vegetativas en diversas áreas.

En general estos pacientes se caracterizan por una autoestima vulnerable y muy lábil en relación ante cualquier desilusión o dificultad. Frecuentemente hay un vago sentimiento de vacío o desinterés y una incapacidad de disfrutar de sus actividades, aunque sean personas aparentemente exitosas.

Estos pacientes tienen como rasgo central su sentido de ser especiales e importantes: son egocéntricos y absortos en ellos mismos, tendiendo a sobreestimar sus capacidades y logros (aunque por debajo se sientan inseguros e incapaces). Tienen capacidad de trabajar con el objeto de mantener esta autoimagen inflada que depende de los otros. Por ello buscan constantemente la atención de los demás, prefiriendo juntarse con la gente "correcta" más que con quienes son realmente sus amigos. Su autoestima es frágil y reaccionan con rabia ("heridas narcisísticas") cuando los otros no cumplen con su papel de admirarlos y aplaudirlos. El mundo es para ellos una pantalla de televisión o espejo que los refleja admirativamente. Cuando esto no sucede reaccionan con rabia, con una fría determinación de vengarse, o con absoluta indiferencia hacia personas con quienes aparentemente eran amigos cercanos. La explotación, crueldad y falta de empatía hacia los otros son pues elementos centrales en sus relaciones, que son de uso más que de intimidad con los demás.

Los diagnósticos de desorden narcisista han aumentado en el último tiempo (49, 50). Esto puede deberse a mayores conocimientos diagnósticos en esta área, o a un aumento real de la prevalencia de esos desórdenes. Entre los autores que han recientemente ilustrado el rol de las expectativas sociales en la frecuencia de estos caracteres está Enrique Rojas con su concepto del "hombre light" (51). Muchos clínicos de experiencia señalan que los diagnósticos de neurosis "clásicas" se hacen cada vez menos, y los de desórdenes graves de personalidad, más. Esto puede atribuirse a varias razones: algunas tienen que ver con los modos prevalentes de crianza en los últimos treinta años, en que hubo una preocupación especial por las necesidades psicológicas del niño. La observación clínica ha sido que padres narcisistas tienden a criar hijos narcisistas. El padre autoabsorbido frustra a su hijo en distintos planos y percibe sólo aquellos aspectos del niño que gratifican su propia autoimagen: son padres que se lucen a través de sus hijos. El niño desarrolla así un *self* distorsionado ("pseudo *self*") en que no se muestra tal como es, sino que destaca o imita de otros aquellas características que sabe que serán apreciadas o toleradas. Se produce así una combinación de exhibicionismo de algunos aspectos de la personalidad y de inseguridad, vergüenza u ocultamiento de otras. Esto es lo que Kohut ha llamado "estructura bipolar" del *self* narcisista.

IV. El desarrollo según Kohut

Kohut ha descrito cómo la autoestima se desarrolla en el niño en forma paulatina, traduciéndose en su forma madura en un grado apropiado de confianza en sí mismo, y en la capacidad de sentir admiración por los demás. Cuando esta evolución "normal" del narcisismo se detiene, aparecen fenómenos ligados a lo que Kohut llama, el *self grandioso*, con demandas solipsistas por atención, pidiendo constantemente escenarios para exhibir éste, y una preocupación excesiva por la propia corporalidad, que se traduce clínicamente en hipocondría; por otra parte se relacionan con el objeto llamado por Kohut *omnipotente*, que es sentido como un padre todopoderoso e idealizado, con quien añoran fusionarse.

Para Kohut, el niño nace en un medio humano empático que responde a sus necesidades. La relación con los otros es tan esencial para la sobrevivencia psicológica del bebé, como lo es el oxígeno para su sobrevivencia biológica. Los comienzos del *self* datan del momento "en el cual las potencialidades innatas del niño y las expectativas de sus padres convergen". Este desarrollo inicial del *self* requiere que quienes rodean al niño suplan las funciones que éste requiere, actuando como "auto-objetos" *(self-objects)*, ya que objetivamente no son diferenciados por el niño de su propia estructura psíquica. Estos auto-objetos, en la medida en que respondan empáticamente a las necesidades del niño, proveen a éste de las experiencias necesarias para el desarrollo del *self* infantil. Asi, las relaciones entre el niño y sus auto-objetos son los constituyentes básicos de su desarrollo y estructura psíquicos.

En el momento del nacimiento, el niño tiene un *self* rudimentario, que es activado por las interacciones con una madre que responde empáticamente a sus mensajes a través de canales olfatorios, propioceptivos, táctiles, etc., mientras lo cuida y alimenta. En la medida que este proceso se da adecuadamente, se produce la cristalización de un *self* nuclear. A continuación, se produce el suministro de frustraciones tolerables, que llevan al reemplazo gradual de los auto-objetos por un *self* funcional. Esta transición gradual es denominada por Kohut *internalización transmutadora*. Las expectativas de los padres son muy centrales en este proceso, ya que estimulan selectivamente algunos aspectos del *self* infantil. Para que los padres realicen esto adecuadamente, es necesario que ellos cuenten con un *self* propio adecuadamente cohesionado. Por ello, Kohut afirma que lo que influye más sobre el carácter del niño no es lo que sus padres hacen, sino lo que sus padres son. La sonrisa orgullosa de los padres frente a los logros infantiles constituye un apoyo a la omnipotencia original de éste, y permite así desarrollar un núcleo de autoconfianza y seguridad interna con respecto a las propias capacidades, el cual será muy central en el desarrollo de una imagen sana durante la vida adulta. La confianza en los padres también contribuirá a la mantención de los ideales y certeza de que se cuenta con un medio familiar o social sólido y adecuado. La cohesión del *self* se alcanza así en forma directa o bien secundaria a través de lo que Kohut denomina una *estructura compensatoria*, en la cual se ha sobrecatectizado el polo opuesto de la estructura del *self* antes descrita. Esta cohesión puede ser lo suficientemente sólida para posibilitar un desarrollo normal.

El niño busca dos tipos básicos de relaciones con sus auto-objetos tempranas: primero, necesita demostrar sus nacientes habilidades y ser admirado por ellas. Para Kohut, esto es la base del sentido sano de omnipotencia y grandiosidad de parte del niño. Segundo, necesita formarse una imagen idealizada de por lo menos uno de sus padres, y experimentar así una sensación de fusión con un auto-objeto idealizado. En el curso de un desarrollo óptimo, emergen secuencialmente dos configuraciones: auto-imágenes grandiosas y exhibicionistas que se conectan a auto-objetos "reflectantes" ("yo soy perfecto y tú me admiras"), mientras que otras auto-imágenes se fusionan con auto-objetos idealizados ("tú eres perfecto y yo formo parte de ti").

En circunstancias adecuadas de desarrollo surge una transformación paulatina de las imágenes de *self* y de objeto más globales y arcaicas a otras más complejas y flexibles. Esta transformación es gatillada por las inevitables fallas de los padres, sea en reflejar admirativamente al niño, sea en permitir ser idealizados. Si estas fallas se manifiestan gradualmente a lo largo del tiempo, se produce una internalización lenta de relaciones de auto-objeto, denominada por Kohut *internalización transmutadora*, y da origen a una estructura psíquica básica, el *self*, que tiene dos polos. Uno de los polos concentra los aspectos exhibicionistas y grandiosos, y se expresa a través de ambición sana y asertividad, que derivan del auto-objeto reflectante, usualmente de la madre. El otro polo está conformado por ideas y valores a los que se adhiere en forma definida. Este polo generalmente deriva de la relación con el padre. Cualquier personalidad específica se caracterizará por el contenido de cada uno de estos polos y por las interrelaciones entre ambos. Si uno de los polos no se desarrolla bien, el otro puede desarrollarse compensando esta distorsión. Cuando hay fallas en el desarrollo de alguno de estos aspectos del *self*, surge la psicopatología narcisista, que se caracteriza por un sentido defectuoso del sí mismo y por la incapacidad para mantener niveles parejos de auto-estima.

El rol atribuido inicialmente a los padres por Kohut fue el de ser auto-objetos que debían proveer al niño de gratificaciones narcisistas adecuadas. Posteriormente, amplió esta función para entender bajo la idea de "reflexión" todas las transacciones que se dan entre la madre y su hijo, tales como constancia, cariño, empatía y respeto. Asimismo, para describir la relación del niño con el padre, Kohut incluyó no sólo la idealización, sino también la capacidad de intimidad, de empatizar y de compartir con los demás. La causa de la psicopatología para Kohut no son las fallas empáticas menores o esporádicas, sino los déficit crónicos de empatía, provenientes muchas veces de problemas caracterológicos de los propios padres, y que llevan a minar el desarrollo sano del *self* infantil.

En relación al complejo de Edipo, Kohut también varió desde un primer período de su pensamiento en que aceptaba la existencia del conflicto pulsional en el sentido clásico, en paralelo con la conflictiva del *self*, hasta uno final en el cual reinterpretó las neurosis clásicas desde el ángulo de su teoría. Señaló que los conflictos triádicos se encontraban construidos habitualmente sobre déficit primarios del desarrollo del *self*, que llevaban a la persona a desarrollarse de manera distorsionada. Recordó cómo el drama de Edipo parte con su padre tratando de deshacerse de él, sobreviviendo para posteriormente matar él a su progenitor.

V. Clasificación de la psicopatología en Kohut

Tal como antes lo mencionáramos, Kohut evolucionó desde utilizar una nosología clásica, diferenciando cuadros psicóticos, neuróticos y alteraciones fronterizas, hacia plantear una nueva clasificación psicopatológica, basada esta vez en las vicisitudes del narcisismo y las alteraciones del *self*. Esta nueva clasificación plantea centralmente la división de los desórdenes emocionales en *alteraciones primarias* y en *alteraciones secundarias del self*. Las primeras incluyen aquellas condiciones en las que el *self* no alcanzó un estado cohesivo a lo largo del desarrollo. Esta falla evolutiva puede deberse a una ausencia total del *self* nuclear, o bien a no haber nunca alcanzado la necesaria cohesión interna de éste. Las alteraciones secundarias son aquellas constituidas por problemas en un *self* previamente bien establecido o cohesionado; serían pues las fracturas del sí mismo ante las crisis y situaciones de exceso de estrés. Revisemos brevemente cada uno de estos cuadros:

a) *Trastornos primarios del self*

Están constituidos por las psicosis, los estados fronterizos, las personalidades esquizoides y paranoides y los trastornos narcisistas de la personalidad y de la conducta.

- Las *psicosis* son para Kohut el "resultado de una fragmentación permanente o prolongada, de un debilitamiento o de una distorsión seria del *self*".
- Los *estados fronterizos* constituyen también una fragmentación del *self*, recubierta en este caso por estructuras defensivas, que ocultan la gran fragilidad del *self*. Ante situaciones tensionales, esta estructura defensiva se resquebraja, mostrando la fragmentación subyacente.
- Las *personalidades esquizoides y paranoides* son organizaciones defensivas que usan el distanciamiento, mediante la frialdad y superficialidad emocionales, la primera y mediante la hostilidad y la suspicacia, la

segunda. Para Kohut estas personalidades no son tratables por análisis ya que la parte más enferma del *self* no hace reacciones transferenciales hacia el terapeuta.

– Las *alteraciones narcisistas de la personalidad y de la conducta*, que son alcanzables por las terapias analíticas, se caracterizan por una desintegración, debilitamiento o distorsión del *self* de tipo transitorio. En el caso de las alteraciones de la personalidad, aparecen básicamente síntomas autoplásticos, en los cuales el paciente tiene una seria hipersensibilidad a los desastres, a la hipocondría o a la depresión, junto a una importante disminución de su autoestima. En el caso de las alteraciones narcisistas de la *conducta*, aparecen operaciones de seguridad, para evitar síntomas que afectan a quienes son cercanos del paciente (síntomas aloplásticos). Estos sujetos presentan frecuentemente perversiones, adicciones o delincuencia.

b) *Trastornos secundarios del self*

Éstos corresponden a las "reacciones agudas y crónicas de un *self* consolidado y firmemente establecido frente a las crisis propias del ciclo vital". Corresponden a las neurosis en su sentido clásico, que Kohut liga a las vicisitudes propias de la autoestima a lo largo de la vida: un *self* fuerte nos permite tolerar estas oscilaciones: grandes éxitos o tremendos fracasos no alteran excesivamente a una persona sana, pero sí a personas con *self* que se desbalancean y que pueden llevar a quiebres en la estabilidad emocional de la persona, activando cuadros narcisistas hasta el momento latentes.

Las alteraciones de la personalidad de tipo narcisista fueron tambien clasificadas por Kohut y Wolf (52) en tres tipos:

- Las personalidades hambrientas de espejo, que se vinculan con los demás esperando admiración y confirmación. "Se ven llevados a exhibirse y a despertar la atención de los demás, tratando de contrarrestar, aunque sea en forma efímera, su sensación interna de falta de valía y de autoestima".
- Las personalidades hambrientas de ideal, que "se caracterizan por una búsqueda constante de personas a las que puedan admirar por su prestigio, poder, belleza, inteligencia o virtudes morales. Pueden considerarse a sí mismos valiosos sólo en tanto se relacionan con objetos del *self* a quienes puedan admirar".
- Las personalidades alter ego, que "necesitan una relación con un objeto del *self* que al coincidir con el aspecto, opiniones y valores del propio *self*, confirmen la realidad y existencia de este último".

Las personalidades anteriores llevan a dos otras actitudes caracterológicas:
- Las personalidades *hambrientas de fusión*, que experimentan al otro como su propio *self* y por lo tanto no toleran la separación del objeto, y
- Las personalidades que *evitan el contacto*, que terminan por aislarse, no porque los demás no les interesen sino porque su necesidad de los demás es tan intensa, que prefieren eludir la posibilidad de ser absorbidos y destruidos por esa anhelada unión total.

VI. Consecuencias terapéuticas

La técnica analítica propuesta por Kohut se centra en los siguientes planteos teóricos:

- El *setting* analítico promueve la reactivación de las transferencias narcisistas antes descritas, y así puede posibilitar una continuación del desarrollo emocional.
- La *actitud empática* del analista es clave para la estructuración del marco analítico.
- Las herramientas con las que cuenta el analista para promover la cura analítica son la *empatía* y la *interpretación*.

A través de estos planteos, Kohut señala que el tratamiento analítico promueve en el paciente la reactivación de un desarrollo emocional que quedó trunco a consecuencia de las respuestas poco apropiadas de los padres. El objetivo del proceso es por lo tanto ayudar al paciente a retomar y completar el desarrollo de su *self*, alcanzando así la madurez. Diciendo lo mismo de otro modo, lo que hace el analista es terminar un proceso de *internalización transmutadora* que el desarrollo infantil dejó inconcluso. El mecanismo utilizado para esta recanalización del desarrollo es la capacidad empática del analista. La empatía es definida por Kohut como *introspección vicaria*. Ésta consiste en "la capacidad de penetrar con el pensamiento y el sentimiento en la vida interior de otra persona". Esta empatía, en el marco de la psicología del *self*, está sostenida por la intuición del analista y por un marco teórico que posibilita el tomar positivamente las expresiones de necesidad de atención del *self* del paciente.

Kohut ilustró su técnica con un caso específico, el del Sr. Z, quien fue analizado dos veces, una previa y otra posterior a su formulación de las teorías desde el punto de vista del *self*. En esta aproximación, el terapeuta acepta la percepción de la realidad del paciente como válida, sin confrontaciones ni cuestionamientos, confirmando que el paciente vive sus conflictos desde su propio ángulo de percepción. Esto lleva a una actitud más flexible que la de otros marcos analíticos, y a favorecer la relación con el analista. La transferencia negativa sólo es tocada cuando se producen frustraciones de la empatía, lo que es interpretado para favorecer las internalizaciones transmutadoras. En ese sentido, Kohut se encuentra junto a Winnicott o a Balint entre los autores en los que el análisis es un "nuevo comienzo", que permite una nueva oportunidad para lograr un desarrollo pleno.

La teoría de la cura analítica desde el punto de vista del *self*, entonces, consiste en lograr una cohesión del *self* que permita que éste no se fragmente ante la pérdida de los auto-objetos. Esto puede darse por dos vías: el reforzamiento del polo debilitado del *self* o el apuntalamiento de estructuras compensadoras. Una vez lograda esta cohesión, el sujeto podrá recuperar su capacidad productiva y creativa. Además, el sujeto podrá establecer relaciones más empáticas con los auto-objetos de su vida actual e incrementará su autoestima a través de una mayor sensación de continuidad personal a través del tiempo o del espacio. Este objetivo se consigue a lo largo del proceso analítico con la reactivación secuencial de las diversas transferencias narcisistas, sean de tipo especular, idealizado o de *alter-ego*.

VII. Comentarios finales

Los planteamientos propuestos por Kohut y los psicólogos del *self* han tenido un impacto mayor en los Estados Unidos que en el resto del mundo. La psicología del *self*, tal como los puntos de vista kleinianos, constituye un conjunto de ideas provenientes de la práctica analítica clínica, o sea, está más cercana a la práctica que a la teoría. Kohut, por lo menos en un comienzo, no pretendió formular una metapsicología abarcativa y aceptó en forma explícita la teorización de los psicólogos del Yo, que expresaban el punto de vista clásico del psicoanálisis americano, con sus énfasis en la adaptación y en la base etológica y biológica de la conducta. Sólo con el correr del tiempo, y en relación a algunos de sus discípulos más interesados en la teoría, tal como Goldberg y Gedo, Kohut planteó que sus puntos de vista constituían un modelo de la mente alternativo a los puntos de vista estructurales o genéticos clásicos en análisis.

En resumen, Kohut es un autor importante que ha revitalizado varios temas y creado una polémica útil en el movimiento analítico actual, al cuestionar algunos de los presupuestos centrales de la metapsicología freudiana, y al proponer un nuevo "modelo de la mente" basado en el concepto de *self* o sí mismo. Muchas de sus contribuciones quizá no son necesariamente originales, pero han sido puestas al alcance de los clínicos de una manera interesante y aplicable, sea por el mismo autor o por algunos de sus seguidores.

CAPÍTULO 9
Lacan y el psicoanálisis estructuralista

I. Introducción

Los dos autores con mayor influencia reciente en el psicoanálisis sudamericano han sido Melanie Klein y Jacques Lacan (1901-1981). Este último autor ha realizado la revisión más ambiciosa del pensamiento freudiano, con un *leit-motiv* inicial de volver a Freud, para rescatarlo de las aproximaciones que él veía como traiciones al verdadero espíritu del padre del psicoanálisis, producto de la aplicación sistemática del modelo estructural. Esto hizo que Lacan se opusiera en particular al psicoanálisis norteamericano y a los desarrollos de la psicología del Yo. Lacan se transformó en un gurú del psicoanálisis disidente francés primero, y luego en diversos países sudamericanos. Su influencia ha sido más importante en círculos intelectuales y de crítica literaria que en la práctica del psicoanálisis propiamente tal. Sus partidarios lo colocan como el más importante pensador francés después de Descartes; sus detractores critican su discurso deliberadamente abstruso y difícil de seguir para los no iniciados.

Lacan entró al psicoanálisis desde una formación médica, pero para sus planteos teóricos utilizó sus extensos conocimientos filosóficos, basados en Hegel, y lingüísticos, basados en Ferdinand de Saussure. En especial, esta última ciencia lo llevó a su afirmación central de que: "el inconsciente está estructurado como un lenguaje". De este autor, Lacan utilizó ampliamente la conformación del signo lingüístico como la unión de un *significante,* que es la representación verbal u onomatopéyica y el *significado*, que alude al contenido. Esta distinción la completó utilizando ideas de otro lingüista, Jakobson, quien especificó las diferencias entre las *metáforas*, ligadas por similitud, de las *metonimias*, ligadas por contigüidad. Amor y cariño son ejemplos de metáforas; cariño y caricia de metonimias. El síntoma neurótico emerge lingüísticamente como resultado de distorsiones metafóricas o metonímicas.

II. Teoría evolutiva en Lacan

Lacan desarrolló también una teoría evolutiva, centrándose, tal como Kohut, en el tema del narcisismo. A diferencia del autor austroamericano, Lacan explicó, en su teoría del espejo, que el niño parte identificándose, imaginariamente, con su imagen reflejada por la madre. Ésta lo ayuda a conformar una imagen anticipatoria de aquello que no somos, pero que queremos ser. Cuando esta identificación primaria no es afirmada por la realidad, el niño acepta la ley, y se identifica con un ideal del Yo que implica aceptar que el propio nombre le fue dado por su padre, y estar preparado para perpetuar este nombre entregándolo a su vez a sus propios hijos. El Edipo lacaniano implica, entonces, una ruptura con la etapa inicial del imaginario forjado en la identificación especular con la madre. Ésta identificación inicial se hace alrededor del deseo del otro, primero con un ideal anticipado de sí mismo, y luego con el deseo de la madre. Al reconocer la presencia del padre, se acepta la ley y se entra a la historia.

La psicopatología evolutiva lacaniana no es diversa de la más habitual del psicoanálisis, pero tiene una base teórica diversa: los estados con fijación en la etapa inicial, del imaginario, llevan a trastornos psicóticos o perversiones. Se da allí una relación con la madre en la cual no hay espacio para un tercero, o sea para el padre. Sólo al elaborarse el Edipo se constituye el sujeto "en el nombre del padre". En este proceso, se produce la consolidación de la identidad, que por definición es intersubjetiva: es a través de la mirada de la madre o del padre, o sea la mirada del otro, que el sujeto alcanza su propia identidad.

Desde la teoría anterior, Lacan explica la afirmación previa de que el *inconsciente se estructura como un lenguaje:* son múltiples los significantes que emergen del proceso recién resumido. Toma aquí afirmaciones provenientes de la antropología, acerca de la importancia del lenguaje simbólico, como lo más propio del hombre en comparación al resto del reino animal, para afirmar que "la vida humana se inserta en un universo de lenguaje". Esto implica una intersubjetividad, ya que la estructura lingüística es dada por los otros: la familia, la escuela, los amigos. En el plano simbólico, el sujeto sólo existe en la medida en que es hablado por otros. El significante adquiere primacía sobre el significado, en la medida en que los contenidos del habla no pueden ser conocidos sin significantes lingüísticos. El inconsciente puede ser estudiado a través de los cortes que se producen en la superficie de la conciencia: esta exploración, sea de los sueños, sea del discurso del paciente, es lo que utiliza el analista para ubicar lo que sucede en las profundidades del sujeto. Para Lacan, es el análisis de la palabra del paciente lo centralmente analítico, más que la comprensión emocional o empática, o el foco central en la transferencia, o sea en la relación analista-paciente. En ese sentido, Lacan vuelve al primer Freud, el de la interpretación de los sueños, del análisis de los chistes y de las parapraxias, y de una técnica predominantemente intelectual, que busca racionalmente el sentido de los errores u olvidos del paciente.

Lacan retorna también la importancia otorgada por Freud a la figura paterna, al insistir que es éste quien produce el corte, la *cesura* en la relación con la madre. En ese sentido, representa también una regresión a los puntos de vista freudianos iniciales, y una negación del papel crucial de la madre en el desarrollo, postulado tanto por Melanie Klein, por muchos de los autores británicos (Winnicott, Bion), como por los psicólogos del Yo, comenzando por Anna Freud. Tal como en el Freud temprano, la explicación de la capacidad de simbolización surge de la interposición del padre entre el niño y la madre, pasando el progenitor a representar la ley y la palabra. De allí, al asumir la castración, el niño se abre a asumir la ley y a tomar un papel en el mundo real. Este ingreso en el mundo de los significantes es una etapa central en la elaboración del Edipo, donde se instaura profundamente el nombre del padre. Este ingreso al mundo implica también una escisión, al reprimirse la expectativa imaginaria. De aquí, Lacan deriva una creativa visión del tema del deseo, al decir que surge el registro de lo real, a diferencia de los registros imaginarios y simbólicos de las etapas previas. El deseo humano, para Lacan, surge de la interacción entre los dos últimos registros, conformando diversas alternativas: un Otro que sólo devuelve identificaciones tempranas de tipo narcisista, un Otro que representa el mundo simbólico de la palabra y de las relaciones metafóricas, y un ideal del Yo ligado a la elaboración del Edipo y a la aceptación de que se requiere buscar a un sujeto exogámico, y así aceptar la ley del padre.

La relación analítica es, por lo tanto, una búsqueda intersubjetiva de las palabras ofrecidas por el Otro, representando el analista al Otro que define la ley. La intersubjetividad se focaliza en la expectativa de reconocimiento:

es la relación lo que me define como sujeto, y sin la validación dada por el Otro nada se vale. Mi existencia y mi deseo están así definidas desde la interrelación. El Otro es quien enseña a desear, y el lenguaje lo que estructura las posibilidades del deseo. Una de las afirmaciones más importantes en Lacan se liga a esta posibilidad del deslizamiento incesante, por distorsión metonímica del deseo: en la medida en que las posibilidades de nominar nuevos objetos del deseo existe siempre, el deseo es inextinguible, y siempre se deseará algo más. El desplazamiento interminable del objeto del deseo, en Lacan, tiene resonancias agustinianas y en la tradición cristiana, en términos de la afirmación de Agustín de Hipona de que sólo Dios puede satisfacer la sed del hombre por algo más. Hay que recordar que Lacan tuvo una educación católica de la provincia francesa, y que en su primera visita al Vaticano, planeaba plantearle al Papa su objetivo de desarrollar un "psicoanálisis católico".

La teoría lacaniana se aleja de la psicobiología freudiana, al plantearse en un nivel fundamentalmente simbólico e imaginario: no es la *necesidad* ni el principio del placer, en su sentido pulsional, lo que define al deseo: el deseo sexual no es una búsqueda de satisfacción física, y no se satisface con el mero encuentro sexual. Nuevamente aparece la búsqueda incesante de la metonimia. El deseo se oculta en las distorsiones neuróticas, y allí debe ser alcanzado por el analista.

El niño nace en un estado de necesidad biológica, y es solamente después de la aparición en el mundo externo de experiencias placenteras que se reconoce la existencia de representaciones que pueden satisfacer estas necesidades. El mundo externo ofrece al niño objetos que él no buscaba inicialmente, y las huellas *mnémicas* producto de la satisfacción crearán una estructura que une la experiencia de la necesidad biológica ligada a la existencia del objeto. Esta huella representa la satisfacción alucinatoria de la pulsión, y conforma una experiencia imaginaria que orientará la búsqueda de objetos reales que permitan nuevas satisfacciones. El deseo, para Lacan, sólo encuentra satisfacción real en forma parcial: la satisfacción de necesidades concretas –hambre, sed, cercanía física–, no aplaca nunca el deseo del *imaginario*, que es, en definitiva, no gratificable. El hijo quisiera ser el objeto total del deseo materno, y satisfacer a ésta en forma completa, lo que por definición es imposible. El complementar absolutamente las necesidades de la madre es una utopía que es elaborada por la aparición de la ley y del padre en la elaboración del Edipo.

El concepto lacaniano del *imaginario* se desarrolló alrededor de dos líneas temáticas, la del espejo y la del deseo. La etapa del espejo, antes descrita, proveniente del período entre los seis y los dieciocho meses, en la cual el niño se fascina con su propia imagen reflejada en el espejo, que integra percepciones somáticas que anteriormente habían sido fragmentarias e inconexas. El reflejo especular representa un supraconjunto integrador que supera esta descoordinación sensorial y motriz previas, y crea por primera vez una noción de unidad, alrededor de una imagen idealizada del sí mismo. Esta imagen primaria *(urbild)* va desarrollando lentamente un sistema más complejo que llega hasta la imagen adulta del uno mismo. Desde allí, Lacan ejemplifica el hecho de que la construcción de la psique se hace desde imágenes iniciales dislocadas, a veces tenues y no necesariamente afincadas en la realidad. De allí que a la psique se le vea como centrada en el *imaginario*.

La vida psíquica habitual se desarrolla, para Lacan, en el mundo del imaginario; mundo lleno de espejos y espejismos, la mayoría irreales pero importantes para el sujeto. El *self* que cada uno construye está generalmente conformado por los reflejos que obtiene desde los demás, con lo que terminamos viviendo una identidad creada desde los otros, quienes a su vez utilizan identidades que tampoco les son propias. El paciente llega al analista con una creación que es un reflejo de otros reflejos, un espejismo construido sobre las utopías que han formulado los demás. Para Lacan, entonces, el Yo "es la suma de las identificaciones del sujeto, como la sobreposición de varios abrigos prestados de una tienda de departamentos" (53).

Para Lacan, el gran error de todos los otros puntos de vista psicoanalíticos es tomar al imaginario por real. En su permanente polémica interna con los psicólogos del Yo (es interesante recordar que el analista de Lacan, Rudolf Lowenstein, fue uno de los tres principales exponentes de esta corriente, junto con Heinz Hartmann y Ernest Kris), Lacan planteaba que el foco en el desarrollo, déficit y capacidades yoicas era un foco en una construcción quimérica, que no tenía existencia en la realidad psíquica. Para él, la psicología de las relaciones de objeto, al focalizarse en las relaciones reales y fantaseadas entre el self y los otros, también es una psicología de ficciones interpersonales. Para él, ambos puntos de vista dejan de lado la exploración del inconsciente, que subvierte la imagen externa construida para mantener una "buena consciencia" aparente o externa. Ambas corrientes, la del Yo y la de las relaciones de objeto, son, pues, cesiones a la adaptación externa a la realidad (54). Lacan plantea que el descubrimiento radical de Freud en su *Interpretación de los sueños* fue mostrar cómo la realidad lingüística del inconsciente es ocultada mediante la elaboración secundaria que genera el contenido manifiesto del sueño. Él amplía este hallazgo al decir que toda la realidad consciente psíquica es producto de elaboraciones mistificadoras para mantener cierta visión del sí mismo. La labor del analista es desmitificar la realidad psíquica para transformarla en verdad acerca del sujeto (55).

III. La primacía del lenguaje en Lacan

La aproximación lacaniana al lenguaje es cercana a otras teorías actuales deconstruccionistas y estructuralistas, que también afirman que el lenguaje es previo a cualquier experiencia individual. Lacan afirma así que "el niño nace dentro del lenguaje". Tal como el marxismo veía a la experiencia subjetiva como una superestructura inserta en el juego de las luchas de clase y de la infraestructura de relaciones de producción, así Lacan ve a la experiencia subjetiva inserta en un sistema lingüístico determinado por los imaginarios culturales y por las leyes sociales (lo *simbólico*). El proceso analítico permite que se abran espacios desde el inconsciente para reconocer mejor la realidad aprisionada por las anteriores estructuras. En la distinción lacaniana entre el *habla* y el *lenguaje*, la experiencia analítica permite que surja la verdadera *habla* del paciente. El principal aporte técnico de Freud, para Lacan, sigue siendo la asociación libre, que permite abrir grietas en esta superestructura lingüística externa (*habla vacía*) y posibilitar que emerja una comunicación auténtica desde el inconsciente (*habla plena*).

Toda la teoría lacaniana da una gran primacía al lenguaje, que aparece siempre en el centro de sus teorías. Esto hace que el paciente sea a veces presentado como un puzzle destinado a ser desarmado para que surjan los significados reales ocultos por esta caparazón externa. El papel del analista es el de "hacer una traducción experta del criptograma que representan los contenidos conscientes para el sujeto en un momento dado". Esta decodificación es necesaria para posibilitar presencia de la voz real del sujeto, hasta ahora oculta en la reificación cultural del lenguaje. Así lo plantea el principal sucesor de Lacan, Jacques Alain Miller (56). Para Lacan, entonces, el psicoanálisis no es ni el estudio de los conflictos inconscientes, como lo era para Freud, ni la transformación de relaciones distorsionadas, como lo es para los teóricos de las relaciones de objeto, sino una exégesis de significantes no conscientes para el sujeto por parte del analista. Esta exégesis se desarrolla estudiando las conexiones entre sí de grupos de palabras enunciadas por el paciente, más que analizando las conexiones de estas palabras con sus significados. Para Lacan, el símbolo (significante) se desconecta de lo simbolizado (significado) y adquiere vida propia. Esta decodificación de grupos de significantes llevó a Lacan en las últimas etapas de su carrera a formulaciones cada vez más abstractas, de índole matemática, de las relaciones entre grupos de palabras.

La vuelta a Freud preconizada por Lacan se centró en su re-lectura de las temáticas edípicas. Para el niño se desarrolla inicialmente en un estado paradisíaco de conexión con la madre, en el cual todas las necesidades son suplidas. Este estado inicial se rompe por una dehiscencia congénita, una falla pre-existente en la estructura propia de la naturaleza humana. El deseo es una nostalgia de la unión primordial, y está, como ya dijimos, condenado a no ser nunca satisfecho porque esa dehiscencia y separación es inevitable e irreparable. En su concepción del

Edipo, el primer deseo es el de ser el falo de la madre, entendiendo falo no como al pene anatómico sino como al objeto del deseo. El niño desea serlo todo para la madre: suplir la totalidad de los deseos de ésta. Pero entre él y esta aspiración surge el padre. Éste tiene derecho sobre la madre, y posee el falo que es el objeto del deseo materno. El padre representa la ley que estructura la relación entre el niño y la madre, y que corta la unión primordial en forma nítida. Al no poder ser el falo de la madre, el niño se siente castrado.

En esta re-interpretación lacaniana del Edipo, los términos son despojados de la connotación sexual que Freud les diera. El deseo, más que de poseer carnalmente a la madre, lo es de darle esta unión, de cerrar la cesura, de reparar existencialmente la dehiscencia antes descrita. La castración es el resultado del Edipo para ambos sexos, independientemente de la posesión de un pene en el sentido anatómico. La presencia del padre, y su función legalizadora, reguladora, simbolizadora, es lo que mantiene la imposibilidad de satisfacer el deseo. Esto hace que el lenguaje hable "en el nombre del padre". El orden simbólico se establece al nombrar al padre, y coloca al niño en una sucesión generacional en el cual él sigue y es producto del falo paterno. En una tercera etapa, después de ingresar al orden simbólico por el lenguaje, y a través del proceso de corte y cesura antes descrito, surge el tercer registro, el de *lo real*. Para Lacan, este registro no tiene las características que le dan Freud o los psicólogos del Yo, en el sentido de principio de realidad. Lo real no es cognoscible inmediatamente, sino producto de las segmentaciones y cortes de los significantes: el registro de lo real, afirman Bleichmar y Bleichmar, es un corte entre lo simbólico y lo imaginario.

IV. La técnica psicoanalítica en Lacan

Desde los conceptos anteriores, la técnica lacaniana tiene fines diversos a las técnicas psicoanalíticas desde otros puntos de vista. El analista pretende no desarmar el Yo en el sentido buscado por algunos puntos de vista orientalistas, haciendo desaparecer al sujeto, ni en sentido junguiano de hacer que el proceso de individuación haga decrecer al Yo y desarrollarse al sí mismo. Más bien, Lacan pretende "un desacoplamiento de la relación con el Otro, haciendo así que su percepción de su Yo fluctúe, oscile y se haga incompleta. Así podrá reconocer las distintas etapas de su deseo, cómo se ha llegado a construir su imaginario, y tener por primera vez la consistencia de su completitud". Asimismo, el analizado tendría una noción muy distinta de su relación con el lenguaje: más que percibirse como el generador de su expresión, se reconocerá como un vehículo a través del cual surge su inconsciente y aparece la matriz lingüística de la cual forma parte. Sabe así que sus líneas son sólo parte de un texto más amplio (*El discurso del Otro*).

El análisis de los sueños lacaniano es entonces una búsqueda de una frase oculta. Hace en otro escrito un análisis de *La carta robada*, cuento de Edgar Allan Poe, en el cual se muestra claramente que, independientemente del texto de un escrito, es el significado que se le atribuye lo que le da relevancia. Lo mismo ocurre en el sueño y en el psicoanálisis: a través de los errores o cortes del discurso, éste resulta accesible a la conciencia. La palabra pasa a ser el protagonista central de la interacción analítica, más que la experiencia emocional que es privilegiada por otros autores intersubjetivistas.

Lacan estuvo muy interesado en el movimiento surrealista y fue amigo de André Breton, entre otros. Tal como estos artistas, se interesó en la escritura automática, de la cual surgen comunicaciones directas desde las profundidades, sin control voluntario sobre éstas. Análogamente, Mitchell y Black postulan que Lacan percibió una "vid automática" en la cual el habla y los gestos emergen espontáneamente, sin el control y distorsión provocados por el Yo y las relaciones de objeto. La propia vida de Lacan, teatral y llena de contradicciones e inconsecuencias, según la ha descrito su biógrafa Elizabeth Rudinesco (56), es un ejemplo de esta tesis.

Los puntos de mayor diferencia, que en definitiva llevaron al alejamiento de Lacan de la Asociación Psicoanalítica Internacional, fue su tesis de que era posible acortar la duración de las sesiones desde los cuarenta y cinco o cincuenta minutos clásicos. Cuando el paciente, afirmaba este autor, acude al *remolino de palabras* e intenta involucrar al analista en su fascinación especular, obteniendo un reflejo de admiración narcisista ante su *palabra vacía,* es posible apelar a la interrupción de la sesión. Más que la interpretación del conflicto, el corte del discurso provocado por el analista es capaz de crear un efecto *simbólico* que lleve la palabra plena. El acto de "escansión" puntúa, rompe, restaura la historia verdadera. Por lo anterior, Lacan se separa de la doctrina clásica de la interpretación transferencial, al plantear más bien que el analista se transforma en un sujeto transferencial que representa al Otro con mayúscula: *el sujeto supuesto saber;* es el que tiene la palabra, el poseedor de la sabiduría. Si el analista asume este papel que se le atribuye y pretende dar su verdad al paciente, refleja su propio narcisismo y cae en el juego de espejos de la palabra vacía. Si respeta la verdad del pacien*te saliendo* del espacio imaginario, puede ayudarlo a encontrar su propia verdad. Para Lacan, es el acceso a la palabra plena lo que permite el avance en el conocimieto del inconsciente; la transferencia es plurivalente e interviene en los tres registros: imaginario, simbólico y real.

V. Comentarios

En suma, el análisis lacaniano pretende establecer una relación distinta entre el sujeto y su propio deseo. Más que renunciar a éste por una perspectiva más madura o realista, la perspectiva del Yo o del principio freudiano de realidad, el deseo es nombrado y asumido más completamente. El análisis lacaniano, por otra parte, no ofrece mayor libertad al sujeto, ya que plantea que éste persiste inmerso en las determinaciones del orden simbólico. En ese sentido, el objetivo es una aceptación más completa de la propia biografía y destino.

Lacan, después de salir de la Asociación Psicoanalítica Internacional en el Congreso de Copenhague, formó su propio movimiento, la Asociación Freudiana de París, la que después de su muerte se ha subdividido en numerosos subgrupos, tanto en Francia como en otros países. Algunos de los puntos de vista lacanianos, sin embargo, se han incorporado dentro del quehacer central de los psicoanalistas, y el interés en su obra ha sido creciente tanto dentro del psicoanálisis organizado como entre filósofos y otras personas que se acercan a estos temas desde las humanidades. En el plano puramente metapsicológico, la visión lacaniana del deseo como separada de la necesidad, y su intento de sacarlo de las bases biológicas que le diera Freud, ha sido especialmente bienvenida por quienes miran al psicoanálisis como una hermenéutica intersubjetiva. Su deslizamiento metononímico y su insaciabilidad definitoria también calzan con la tradición central de Occidente, en el sentido de que las pasiones no son satisfacibles por su objeto expreso, sino en forma secundaria.

La teoría lacaniana se inserta en un primer Freud. Su actitud descalificadora hacia el Yo y hacia la psicología estructural tiene que ver con su interés mayor en los escritos tempranos del fundador del psicoanálisis, más que en su obra de madurez. Asimismo, sus teorías evolutivas se centran en las vicisitudes del complejo de Edipo, más que en las etapas tempranas del desarrollo infantil. Es por ello que no presta mayor atención a la relación temprana madre-hijo ni a temas que son de interés para Melanie Klein, sus seguidores, o los teóricos de las relaciones de objeto. En el mismo sentido, se ha dicho que la teoría lacaniana toma al niño en el período en que ya existe el lenguaje, descuidando las etapas preverbales. En este sentido, el lenguaje tiene al inconsciente como un prerrequisito, más que sea el lenguaje la pre-condición para el inconsciente.

En el plano de la técnica, la interrupción de las sesiones mediante la *escansión* ha sido uno de los puntos más polémicos en la práctica, al crear la posibilidad de la reducción de la longitud de las sesiones a voluntad del analista. En la misma biografía de Lacan quedó claro cómo este autor, en la medida que tuvo más personas interesadas en analizarse con él, fue reduciendo progresivamente la duración de sus sesiones para acomodar más pacientes en un mismo horario. Las distorsiones contratransferenciales propias del analista también tienen menor control externo al no mantener esta característica del encuadre.

CAPÍTULO 10
Ignacio Matte Blanco y la bilógica

Entre los aportes chilenos al psicoanálisis global, se encuentran los de Ignacio Matte Blanco, el fundador del movimiento psicoanalítico en Chile. Nos referiremos brevemente a tres aspectos: su biografía, sus aportes a la docencia universitaria, y sus novedosos puntos de vista sobre lógica del inconsciente.

A. Biografía. Ignacio Matte Blanco

Nació en el seno de una tradicional familia santiaguina, en 1908. Su padre era un agricultor, y su madre descendía directamente del primer Presidente de la República, el almirante Manuel Blanco Encalada. Se graduó muy joven, a los 20 años, como médico en la Escuela de Medicina de la Universidad de Chile, donde llegó a ser Profesor Asociado de Fisiología a los 25. Fue enviado por la naciente Escuela de Medicina de la Universidad Católica a formarse como fisiólogo a Inglaterra, donde viró en su área de interés a la psiquiatría y el psicoanálisis. De tal modo que se entrenó como psicoanalista en el Instituto de Psicoanálisis de la Asociación Psicoanalítica Británica, teniendo como su analista a Walter Schmideberg, con una formación clásica en Viena, entonces marido de Melitta Schmideberg, hija de Melanie Klein. En esa formación conoció a destacados analistas ingleses de la época, entre ellos Ernest Jones, Richard Rickman, Susanne Isaacs, James Strachey, Edward Glover, Joan Riviere y a la propia Melanie Klein. Cultivó una larga amistad con John Bowlby y Paula Heimann, y siempre se consideró partícipe del llamado grupo *"independiente"*, con una posición intermedia entre los anna-freudianos y los kleinianos, los dos puntos de vista predominantes en ese entonces. Esto no quitó que profundizara y aceptara muchas de las teorías de Melanie Klein, a las que trató de dar mayor estatus científico. Para ello, comenzó a profundizar en filósofos como Bertrand Russell, uno de los creadores de la moderna lógica matemática. En la década de los cuarenta, y en relación al comienzo de la Segunda Guerra Mundial, pasó a los Estados Unidos, donde estudió psiquiatría tanto en la Universidad de Johns Hopkins en Baltimore, Maryland, como en la Universidad de Duke en Carolina del Norte. Finalmente, en Nueva York profundizó sus estudios matemáticos, asistiendo al seminario semanal de matemáticas del profesor Courand, en la Universidad de Columbia.

Terminada la guerra, volvió a Chile, donde pasó a ser Profesor de Psiquiatría en la Universidad de Chile, reformando la docencia de pregrado como veremos más adelante, y así mismo promoviendo la construcción de la Clínica Psiquiátrica de la Universidad de Chile, al lado del Hospital Clínico de esta Universidad. Se hizo fama como un catedrático estricto y exigente, pero respetado y querido por todos. Desde fines de la década de los 40 comenzó con su Grupo de los Miércoles, que se reunía en forma vespertina, en la casona familiar de la calle Bernarda Morín. A mediados de la década de los 60, después de su separación de su primera mujer inglesa, se vuelve a casar con su discípula Luciana Bon, con quien emigra a Roma, donde continuó ejerciendo como psicoanalista, y mantuvo su prolífica producción científica, Enseñó en la Escuela de Postgrado de la Universidad Católica de Roma, mientras su segunda mujer, de fuerte inspiración kleiniana, se convirtió en analista didacta en la Asociación Psicoanalítica Italiana. Murió en Roma a fines de la década de los 80. Entre sus libros iniciales, publicados en Chile, se encuentran *"Lo psíquico y la naturaleza humana"* y *"Estudios de psicología dinámica"* (57, 58). Entre sus obras de madurez, mencionemos *"El Inconsciente como Conjuntos Infinitos"* (59) y *"Thinking, Feeling and Being"* (60). Entre los principales estudiosos de Matte se encuentra en Inglaterra el profesor Eric Rayner (61), y en Chile Juan Francisco Jordán (62).

B. Aportes a la docencia universitaria.

Durante las décadas de los 50 y los 60, Matte se dedicó en forma importante a reformar la enseñanza de la psiquiatría en la Escuela de Medicina de la Universidad de Chile, donde era Profesor Titular. Su punto de vista tuvo no solo impacto nacional, sino continental: en sucesivos talleres convocados por la Oficina Sanitaria Panamericana y publicados por la Organización Mundial de la Salud (63), abogó por disminuir la docencia centrada en clases magistrales y en aumentar la participación de los estudiantes, sea a través de actividades prácticas y ejercicios vivenciales, donde las actividades de grupo dinámico e incluso la psicoterapia dirigida a los estudiantes fueron temas de interés. En esa última línea fue seguido por los doctores Ramón Ganzaraín y Hernán Davanzo, que realizaron Talleres de Relaciones Humanas, primero en la Universidad de Chile y luego en diversos países de América Latina, donde concurrieron como expertos consultores de la Organización Panamericana de la Salud.

Las principales razones dadas por Matte Blanco para aumentar la cantidad de horas docentes de psiquiatría y salud mental durante la formación médica son:

a. La elevada incidencia de trastornos psiquiátricos, así como la frecuencia de aspectos psiquiátricos en casos médico-quirúrgicos.

b. La gran desproporción existente entre el tiempo entregado en el currículo médico dedicado a la enseñanza de aspectos somáticos y a los aspectos psicológicos de la medicina.

c. El hecho de que la enseñanza de aspectos psicosociales consume mucho tiempo, no sólo por la cantidad de conocimiento acumulado, sino porque esta enseñanza requiere modificar actitudes y entregar destrezas diversas a las habitualmente utilizadas en la enseñanza de los aspectos más físicos o mecánicos de la medicina.

En ese texto, Matte señala la necesidad de abrir la educación médica a las perspectivas psicosociales, humanistas y espirituales, cruciales para comprender la naturaleza humana, más allá de un excesivo énfasis en los aspectos mecánicos y físico-químicos, que ha tendido a predominar en la formación de profesionales de la medicina. Eso ha llevado, señala a que "no infrecuentemente el médico se vea como un científico ignorante de filosofía, religión, arte y aun de ciencias que no se centran en aquello que puede ser oído o tocado". Por lo anterior, Matte aboga por integrar en la formación médica los aspectos más "esencialmente humanos", y señala que la enseñanza de la psiquiatría puede cumplir este papel, re-introduciendo a lo humano en la formación del médico, y volviendo a que éste sea el sabio que fue en los albores de la historia de la medicina, en Grecia especialmente. Para ello, el médico debe ser más que un mero ente pensante, que sepa observar y organizar sus hallazgos en un diagnóstico que lleve a un pronóstico y plan de tratamiento. Además, debe ser capaz de sentir las necesidades de sus pacientes, colocándose en una posición afectiva frente a ellos. Su sabiduría debe traducirse en "una posición abierta y tolerante frente a lo humano". Concluye de lo anterior que el médico debe sentirse cómodo no solo en el terreno de lo sensorial palpable y mensurable, sino en áreas más difíciles de aprehender, de los procesos de pensamiento y de emociones que pueden ser experimentadas como vagas o inasibles.

Un segundo punto que subrayó Matte fue el de las diferentes formaciones que requieren el médico general, formado en el pregrado, del especialista en psiquiatría, formado en el post-grado. Su crítica a la enseñanza imperante de la psiquiatría era que se enseñaba al primero lo mismo que al segundo, con la diferencia de la cantidad de tiempo entregada en enseñar, y no tanto en el tipo de destrezas impartidas. Así, el médico general debería saber qué hacer en el caso de una psicosis aguda de comienzo, para evitar riesgos a los otros o al propio paciente, y no centrarse por lo tanto en el diagnóstico diferencial fino del tipo de psicosis presente. Debe saber reconocer la necesidad de asegurar al paciente en términos de auto o heteroagresión, si es prudente observar y esperar o derivar al nivel especializado, y administrar los tratamientos medicamentosos u otros de primera necesidad. Desde esta perspectiva, señala Matte que el entrenamiento del médico general debe hacerse más en los servicios médicos o quirúrgicos de los hospitales generales que en las unidades psiquiátricas especializadas. En especial, subraya que especialistas en disciplinas quirúrgicas deben conocer los cuadros psiquiátricos propios de la preparación de la cirugía, así como las consecuencias mentales de los post-operatorios prolongados o con complicaciones. Desde este ángulo, Matte fue un predecesor de la importancia de las Unidades de Enlace Psiquiátrico desarrolladas a lo largo de la segunda mitad del siglo (63):

En forma visionaria, Matte insistió en que un programa de formación como el propuesto por él puede aparecer excesivamente ambicioso, requiriendo una cantidad de recurso docente inexistente en la actualidad. Reconociendo lo anterior, dice que más bien propone "un programa a ser desarrollado en pasos sucesivos, formulando objetivos inmediatos e intermedios". El señalar la necesidad de cambios drásticos en la formación del médico no debiera ser obstáculo para el proceder en forma incremental, dando pasos sucesivos para llegar a los fines mediatos. Estos son resumidos por Matte en cinco objetivos generales:

a. Alcanzar un conocimiento adecuado del hombre como persona, de sus necesidades y conflictos en su relación con el medioambiente. Esta comprensión debiera incluir tanto aspectos conceptuales como prácticos, o sea la capacidad de aplicar los conceptos en casos individuales.

b. Adquirir las *actitudes* requeridas para tratar estas necesidades y conflictos en los pacientes y sus familiares, en especial con respecto a las necesidades y problemas ligados a la enfermedad y los conflictos gatillados por ella.

c. Adquirir la capacidad de reconocer los aspectos psiquiátricos de cualquier enfermedad, especialmente las denominadas *psicosomáticas*, así como de reconocer los principales cuadros psiquiátricos, con énfasis particular en las *psiconeurosis* y las *psicosis incipientes*, dada su importancia en la práctica médica general.

d. Poder implementar procedimientos terapéuticos simples en diagnósticos manejables por el médico gene-

ral, entre ellos tratamientos físicos, especialmente en casos de alcoholismo, y psicoterapias básicas. En todo lo anterior, es necesario saber distinguir de los casos que deben ser derivados al especialista.
e. Comprender las posibilidades de hacer promoción de la salud mental, desarrollando actitudes favorables y destrezas básicas en dicha actividad.

La posición básica de Matte para cumplir con estos objetivos es que no basta con impartir conocimientos teóricos o prácticos acerca de psiquiatría y salud mental, sino modificar la estructura mental de los médicos en formación, ya que sus necesidades y conflictos pueden ser un obstáculo, o favorecer su capacidad de ayudar a sus pacientes. Según Matte, es básico para lo anterior que el médico obtenga un balance mental adecuado, lo que requiere de intervenciones no sólo cognitivas, sino otras que homologa a las psicoterapias: tal como en la formación analítica –razona– se requiere un psicoanálisis personal, en la formación médica se requiere una psicoterapia personal.

Analiza así la metodología docente tradicional, dentro de la cual menciona:

1. Clases magistrales, que pueden ser de tres tipos: (a) clínicas, en las que se presenta un paciente, que es entrevistado por un estudiante, quien así desarrolla destrezas de entrevista, de observación y de diagnóstico diferencial; (b) teórico clínicas, que tienen el mismo desarrollo de la primera, pero que son seguidas por una exposición acerca de la teoría del cuadro o situación clínica observada en el paciente; (c) clases teóricas, en las cuales el profesor desarrolla un tema específico en forma solamente conceptual. Más que

repetir automáticamente lo que dicen los textos, acá es importante que el profesor muestre su experiencia clínica acumulada, y haga una puesta al día del manejo de situaciones clínicas paradigmáticas. A pesar de la tendencia, señala, en la enseñanza de las escuelas médicas anglosajonas a disminuir al máximo este tipo de enseñanza –contrastándola con la práctica directa con pacientes– piensa Matte que este tipo de docencia es altamente motivadora para los estudiantes, sirviendo de modelos de identificación los profesores más antiguos en el equipo docente. En todo caso, no deberían tomar mas del 30% del tiempo asignado al programa docente total.

2. Seminarios clínicos. Estos deberían ir más allá de la clásica visita de sala, en la que se toman determinaciones administrativas con respecto a los exámenes necesarios, el momento del alta u otras decisiones de manejo del paciente, para llegar a un seminario más cercano, en el cual el estudiante de pre o postgrado presenta el caso clínico a un docente experimentado, y se discute *in extenso*. Lo íntimo de la información que se debe ventilar en tales presentaciones hace aconsejable muchas veces que estos seminarios se hagan en ausencia del propio paciente. En esas sesiones se puede revisar el diagnóstico diferencial, marcos conceptuales teóricos, el manejo farmacológico o psicosocial de cada caso, la actitud de los profesionales y del personal de enfermería hacia el paciente, etc.

3. Seminarios teóricos. Estos cumplen con la función de darles información cognitiva acerca de temas axiales de la disciplina, y son más provechosos cuando son preparados de antemano por los estudiantes, a partir de una bibliografía preparada *ad-hoc* por el equipo

docente. Ellos luego presentan el material así preparado, responden preguntas y aclaran con los docentes las dudas.

4. *Symposia*. Los estudiantes de medicina habitualmente no tienen suficiente tiempo para leer un exceso de material, fuera de los libros de texto básicos. Sin embargo, Matte recomendaba preparar en cada semestre dos o tres *simposias*, sobre temas elegidos por los docentes, y con una bibliografía más amplia que los seminarios teóricos. Se deja mayor tiempo para la presentación del simposio por grupos de tres a cinco estudiantes, y la clase en conjunto discute el tema. Tanto las técnicas 3 y 4 aseguran una mayor participación estudiantil que la posición pasiva fomentada por las clases magistrales habituales.

5. Trabajo clínico individual con pacientes, que es el tipo de experiencia más central en la formación de los estudiantes: este trabajo implica tanto el estudio de los casos clínicos de los pacientes, como su tratamiento, especialmente psicoterapéutico. El principal problema logístico se da con cursos grandes, ya que esta docencia es necesariamente uno es a uno, o en pequeños grupos. Matte sugiere que en las primeras semanas el alumno vea a los pacientes con un ayudante, para aprender los elementos esenciales de la historia clínica y examen mental, así como las actitudes correctas en la entrevista. En una tarde de docencia, en un bloque inicial de dos horas, dos estudiantes entrevistan a un paciente, mientras que otros dos le presentan el caso al ayudante de docencia. En la segunda mitad del bloque docente, la rutina se invierte: los alumnos que entrevistaron le presentan el caso al ayudante, mientras que los que presentaron entrevistan a un

nuevo paciente. Si no hay suficientes ayudantes, se pueden hacer grupos de cuatro en vez de dos estudiantes. En casos excepcionales, los alumnos pueden ver al paciente con un docente.

6. Psicoterapia grupal. Esta es la técnica docente más original, que fue utilizada por más de una década en la Clínica Psiquiátrica de la Universidad de Chile, durante el período de Ignacio Matte. El razonamiento base es que el médico, para comprender adecuadamente a sus pacientes, debe ser conocerse a sí mismo. Por ello, todo lo que el futuro médico haga para liberarse de sus propios conflictos redundará en una mejor actitud futura con sus pacientes. El objetivo de la psicoterapia grupal con estudiantes es por lo tanto el conocer los propios conflictos para evitar que estos interfieran en sus relaciones interpersonales, sea con pacientes o con futuros colegas; el mitigar estos conflictos; el reconocer prácticamente la operación de los diversos mecanismos de defensa –represión, proyección, etc.–; el reconocer el funcionamiento psicológico de los pacientes bajo el estrés gatillado por la enfermedad somática; el adquirir nociones de psicología de grupos así como de liderazgo grupal. La principal dificultad de aplicar esta idea fue el plantear que los alumnos debieran recibir terapia, por lo que esta fue llamada *"actividad grupal"*; Matte esperaba que en la medida que la comprensión de los aspectos psicológicos en la formación médica mejorara, se encontraría menos resistencia entre los estudiantes. Para no hacer esta terapia compulsiva, se daba la posibilidad de elegir entre ella y seminarios de caso supervisados, en las cuales una psicoterapia más prolongada era presentada sesión a sesión a los estudiantes. Así, se hacía un estudio cui-

dadoso de la psicodinámica del caso, de las relaciones entre paciente y terapeuta, y de las reacciones de este último en relación al paciente. Para Matte, esta actividad es el método más apropiado para la enseñanza práctica de psicopatología, con la ventaja agregada de que mejoraba la salud mental de los estudiantes.

El currículo propuesto por Matte en definitiva incluye en los cuatro años del currículo médico lo siguiente:
A. Durante el primer año:
 a. Como parte del curso de biología: el concepto de la integración psico-física en una unidad psico-biológica; conceptos de instinto e inteligencia; un total de 5 a 8 horas.
 b. Como parte del curso de fisiología: integración del concepto de reflejo condicionado y de teorías del aprendizaje, así como modelos de neurosis experimental; un total de 10 a 13 horas.
B. Durante el segundo año:
 a. Como parte del curso de fisiopatología: síntomas psicosomáticos; formación del síntoma; el problema de la especificidad; aspectos psicológicos del estrés y el síndrome general de adaptación; total de 5 a 7 horas.
 b. Un curso especial sobre constitución y personalidad. Éste es descrito en mayor detalle, ya que Matte reseña su temario: Introducción histórica; el concepto de personalidad y sus componentes; nociones básicas sobre constitución física y temperamental; desarrollos conceptuales basados en el estudio del cuerpo humano (mímica, fisiognómica, tamaño y proporciones corporales); principales escuelas biotipológicas: Kretschmer, Shel-

don, otros); Los tipos físicos y temperamentales
de Kretschmer; los somatotipos y temperamentos
sheldonianos; introversión y extraversión; el que-
motipo; correlación entre constitución y medicina; dinámicas constitucionales. Para este curso,
Matte propone una hora y media por todo el año,
lo que implicaría alrededor de 54 horas.

   c. Psicoterapia de grupo (año uno), realizada de
acuerdo al esquema antedicho, y también con un
una hora y media semanales por todo el año, o sea
54 horas.

C. Durante el tercer año:

   a. Curso de Psiquiatría (año uno). Tres horas semanales por todo el año, o sea un total de 108 horas.

   b. Medicina Psicosomática, que se enseñaría como
parte del curso de Medicina Interna, como una
actividad integrada de ambas cátedras.

   c. Psicoterapia de grupo (año dos), con la misma duración (54 horas).

D. Durante el cuarto año:

   a. Psiquiatría (año dos) incluyendo técnicas básicas
de psicoterapia. Trabajo teórico y práctico, con
ocho a diez horas semanales por todo el año, o sea
un total de 180 horas.

   b. Psicoterapia de grupo (año tres), con la misma duración (54 horas).

   c. Clases específicas sobre salud mental como parte
del curso de Medicina Preventiva y Social: 5 a 8
horas.

Al sumar el tiempo total requerido en la propuesta de
Matte Blanco, los temas psicosociales tomarían un total
de 529 a 536 horas.

También detalló Matte los requerimientos de personal docente para el desarrollo del programa por él propuesto, reconociendo de partida que esta metodología es costosa, ya que la atención al estudiante es mucho más personalizada que en la de otras ramas de la medicina. Algunas propuestas no requieren más que tiempo de aula, como en el curso sobre Constitución y personalidad. Las actividades que más tiempo insumen son el curso de Psiquiatría y Salud Mental y la psicoterapia grupal. Para el primero, se requiere un docente por cada cuatro a seis alumnos durante el tiempo de docencia práctica que es, de acuerdo a la propuesta de Matte, el 70% del total del curso. Esto implica en los dos años del curso un total de 144 horas prácticas, o sea para un curso de 60 alumnos, diez docentes durante esa cantidad de tiempo. En el caso de la psicoterapia de grupo, el propio Matte calcula que se requieren siete terapeutas de grupo experimentados con un tiempo de cuatro horas y media semanales durante todo el año (64).

C. Desarrollos posteriores en la docencia universitaria de psiquiatría en Chile: el rol de los psicoanalistas.

La ida de Matte Blanco a Roma creó una situación compleja en la Clínica Psiquiátrica Universitaria, institución creada y dirigida por Matte hasta 1966. Por una parte, su sucesor lógico dentro de la Clínica, el profesor Arturo Prat Echaurren, que fuera Jefe de Clínica, no accedió al grado de Profesor Extraordinario cuando se presentó para ello, y el concurso convocado para reemplazar a Matte fue ganado por otro de los profesores extraordinarios, el doctor Armando Roa Rebolledo, distinguido neuropsiquiatra de orientación fenomenológica y más bien distante del psicoanálisis. En el período de interinato, estuvo a cargo de la clínica el profesor Hernán Davanzo Corte, que había recientemente vuelto de Brasil, donde formó el Departamento de Psicología Médica de la Universidad de Campinas, en el Estado de Sao Paulo. Estos cambios implicaron que la mayoría de los psicoanalistas dejaron la docencia universitaria directa, y pasaron a sus consultorios privados, y a la docencia del psicoanálisis propiamente tal, en el Instituto de la Asociación Psicoanalítica Chilena. Otros discipulos del profesor Matte pasaron a hacer docencia en otras Universidades, o en las nuevas sedes de la Facultad de Medicina de la Universidad de Chile que por esos años se formaron en hospitales docentes del sistema público. En el primer caso se encontró el doctor Fernando Oyarzún Peña, que se desplazó a Valdivia, donde formó el Instituto de Psiquiatría de la Universidad Austral de esa ciudad. Así mismo, en la Escuela de Medicina de la Universidad Católica de Chile hicieron clases los doctores Carlos Núñez Saavedra y José Antonio Infanto. En el segundo caso está el doctor Hernán Davanzo, quien junto a los doctores Jorge Thomas, Ramón Florenzano y Mario Gomberoff formaron la Unidad Docente de Psiquiatría del Hospital del Salvador, al reunirse con el antiguo Servicio de Medicina Psicosomática. Estos grupos se preocuparon de diverso modo de implementar la reforma sugerida por Matte en el currículo médico, obteniendo importantes modificaciones curriculares, entre las que podemos mencionar:

a) Talleres de Relaciones Humanas. Estos fueron un derivado de la sugerencia inicial de Matte de hacer psicoterapia de grupo a los estudiantes de medicina. Tal como señaláramos, esta propuesta tiene el problema ético de colocar una intervención terapéutica en el programa, y camuflarla como docencia, al utilizar el nombre de "actividad de grupo". Los estudiantes en general resistieron esa aproximación. Los doctores Ramón Ganzaraín y Hernán Davanzo, ambos experimentados terapeutas grupales, trabajando en conjunto con el profesor Edward Bridge, de la Oficina Sanitaria Panamericana, diseñaron una modalidad diferente, que el último adaptó de las dinámicas grupales de los National Training Laboratories (NTL) de los Estados Unidos, en Washington D.C. El psicoanalista argentino Enrique Pichon Rivière también desarrolló su propia clasificación de "grupos operativos" o "grupos de tarea", con objetivos bien definidos externamente. A partir de estas conceptualizaciones, primero en la Universidad de Chile y luego en diversas universidades latinoamericanas, los antedichos docentes formaron a numerosas generaciones de estudiantes en dinámicas grupales, como ha descrito Davanzo (65). En la década de los ochenta, en la Facultad de Medicina Oriente de la Universidad de Chile, otra vez con el apoyo de un consultor de la Oficina Panamericana de la Salud, el doctor William G. Hollister, de la Universidad de Carolina del Norte; Ramón Florenzano, Macarena Valdés y otros docentes implementaron un Taller de Destrezas de Ayuda, derivado del *Relationship Building Workshop* diseñado por Hollister y ampliamente utilizado tanto en EE.UU. como en la Universidad de Puerto Rico. Este Taller (TDA) en versiones modificadas ha seguido siendo aplicado en la formación de los estudiantes de esa sede de la Universidad de Chile, así como en la Facultad de Medicina de la Universidad de Concepción.

b) Docencia integrada con otras disciplinas. La idea de Matte Blanco de colocar temas psicosociales en otras cátedras se ha hecho real a través de introducir módulos de integración horizontal. Por ejemplo, en el ciclo básico se han colocado enseñanzas del tema del estrés y sus consecuencias en Fisiología, de aspectos clínicos de fármacodependencias en Farmacología. En el ciclo pre-clínico, con un financiamiento de FONDECYT, entre los años 1996 y 1998 un grupo de Escuelas de Medicina, incluidas las de la Universidad de los Andes, de Concepción, y la sede Oriente de la Universidad de Chile, desarrolló un proyecto para cambiar la enseñanza de técnicas de entrevista en los cursos de Semiología. Esta intervención fue positivamente evaluada por los estudiantes, y la enseñanza del proceso de entrevista se ha generalizado en muchas de las Facultades de Medicina del país (66).

c) Docencia extendida de Psiquiatría en la etapa clínica de la formación. En este tema han habido avances y retrocesos. Tal como dijimos, el sucesor del profesor Matte en la Clínica Psiquiátrica Universitaria fue el profesor Armando Roa, quien también abogó activamente por ampliar la enseñanza de la Psiquiatría dentro del currículo médico. A fines de la década de los 80, el decano Patricio Donoso Letelier en la Facultad de Medicina (ahora única) de la Universidad de Chile nombró una comisión de profesores titulares para revisar esta enseñanza, y allí surgió un programa común para enseñanza de psiquiatría en el Pregrado, que proponía considerar a la Psiquiatría una disciplina axial en la enseñanza médica, junto a la Medicina, Pediatría, Cirugía y Gineco-Obstetricia. Esta comisión, presidida por el profesor Roa, y con la participación de los profesores Mario Varela, Rafael Parada, Ramón Florenzano, Edmundo Covarrubias y

Alejandro Gómez, propuso aumentar la extensión a lo largo de la carrera, introduciendo cursos de Psicología Médica en el ciclo básico, Semiología en el ciclo pre-clínico, Psicopatología y Psiquiatría en el ciclo clínico, y Salud Mental en el internado. Durante la década de los 90 se consiguieron varios de los antedichos objetivos, en especial la introducción de cursos de Psicología Médica en 2° año de la carrera, y de elementos de Semiología Psiquiátrica en 3°. Desafortunadamente a comienzos de la década de los 2000, y durante la reforma curricular allí llevada a cabo, se retrotrajo la situación a la enseñanza previamente impartida, concentrando la psiquiatría en un bloque compacto en un semestre del 5° año de Medicina, tratándola nuevamente como una de las especialidades menores. Sin embargo, el plan sugerido fue desarrollado en otras Facultades de Medicina, como las de la Universidad de Concepción, y en algunas de las nuevas Escuelas. Por ejemplo, en la Universidad de los Andes existen un curso de Psicología Médica en 2°, un módulo de Semiología Psiquiátrica en 3°, dos años de Psiquiatría durante las Clínicas (Psiquiatría I en 4° y Psiquiatría II en 5°) y un internado opcional de psiquiatría durante los internados.

d) Docencia de aspectos de salud mental. La sugerencia del profesor Matte era el introducir enseñanza de temas ligados al alcoholismo, muy prevalente en Chile, y los programas existentes para tratarlo. Este tema fue tomado en forma muy activa por uno de los primeros ayudantes de Matte, el profesor Juan Marconi. Al producirse la formación de nuevas sedes de la Facultad de Medicina, el doctor Marconi con un grupo de colaboradores, entre ellos los doctores Alfredo Pemjean y

Alberto Minoletti, desarrollaron un activo programa en la Sede Sur, en el Hospital Barros Luco, no sólo centrado en el tratamiento del alcoholismo, sino proponiendo un innovativo sistema de Psiquiatría Comunitaria. Este programa ha servido de base al actual Programa Nacional de Psiquiatría y Salud Mental del Ministerio de Salud. En otras sedes, la enseñanza de la Salud Mental se ha dado, como lo sugirió Matte, muy ligada a la Salud Pública (como en la Escuela de Salud Pública de la Sede Norte de la Facultad de Medicina de la Universidad de Chile).

e) Internado en Psiquiatría. Éste se ha implementado progresivamente como una posibilidad en diversas Facultades de Medicina, sea en forma opcional (como en la Universidad Católica o de los Andes), u obligatoria (como recientemente en la Facultad de Medicina de la Universidad de Chile).

Los aportes de Ignacio Matte a la enseñanza de la psicología, en especial en la Pontificia Universidad Católica de Chile, han sido señalados por el profesor Omar Arrué (67) en una publicación al respecto.

D. La lógica del inconsciente en Matte Blanco.

Algunos pudieran pensar que un médico procedente de Moravia, perteneciente a una minoría discriminada en el Imperio austro-húngaro tenía poco en común con un aristócrata sudamericano, perteneciente a una conocida familia santiaguina. Sin embargo, Sigmund Freud e Ignacio Matte compartían su interés por la ciencia procedente de una formación en ciencias básicas médicas: neuropatología Freud y fisiología Matte. Además, ambos cumplieron funciones de intercomunicadores culturales. Freud se formó en una cosmovisión muy germana: él mismo reconoció su deuda con Kant y su punto de vista es muy típico de la Viena finisecular. Sin embargo, como joven estudiante de medicina tradujo obras del inglés al alemán del economista y filósofo natural John Stuart Mill, y su formación psiquiátrica la hizo en Francia, estudiando puntos de vista desconocidos en Viena, por ejemplo, las ideas de Charcot acerca de la naturaleza de la histeria, o de Janet acerca del psiquismo inconsciente. En ese sentido, ambos compartieron una formación científica observacional, sacada de su experiencia en ciencias básicas, y una función de *transductores culturales*, al utilizar ideas de otras tierras en su ambiente local.

En el Reino Unido, el rol relativo del pensamiento y de las emociones era un tema importante desde antiguo: no en Inglaterra sino en Escocia, David Hume fue un predecesor durante la Ilustración escocesa de la tesis freudiana de que el actuar está más directamente influido por las emociones, denominadas por él *pasiones*, que por la razón. Hume ya postuló en su *Tratado de la Naturaleza Humana* (68), obra de juventud, que *"la razón no mueve"*, y que el *self* obedece a afectos, que dividió en *calmados* y *violentos*. Hume fue un escéptico que adoptó posturas antimetafísicas: durante su formación en Francia, en el colegio jesuita de La Fleche, donde había enseñado Descartes, conoció bien el pensamiento racionalista de este autor y de uno de los postcartesianos entonces en boga, Nicolás de Malebranche. De este último tomó también su análisis de la causalidad, en el sentido de que se podía concluir que un evento estaba ligado a otro por *continuidad* temporal, *contigüidad* espacial, o por una relación mecánico-causal.

Señalaba Hume que si bien al ver el suelo mojado podía uno decir: "ha llovido", no hay una relación necesaria de causalidad, ya que si bien es frecuente que la lluvia moje el suelo, también esto puede acontecer porque alguien lo regó. De ahí la imposibilidad de predicar relaciones absolutas de causalidad conectadas por consideraciones temporo-espaciales. Este punto de vista, en el tratado II de la obra mencionada, llevó a Hume a concluir que las motivaciones humanas, más que racionales eran pasionales, y que la razón sólo ponía los medios, al ingeniar como lograr los objetivos determinados por las pasiones. Afirmó así que *"La razón es la esclava de las pasiones"*. Las centrales de éstas, en su descripción eran el *orgullo* y la *humillación*. En este sentido, Hume ha sido también un predecesor de los puntos de vista intersubjetivos: desarrolló en paralelo a su buen amigo Adam Smith, otro filósofo moral escocés de su época, su teoría acerca de la importancia de la *simpatía* para explicar el quehacer humano, no solo en el plano interpersonal, sino económico. Smith desarrolló lo último en forma más detallada en sus clásico texto sobre teoría económica, puntos de vista que fueron ulteriormente explicitados por John Stuart Mill que, como dijimos, fue bien conocido por Sigmund Freud, su primer traductor al alemán. La filosofía actual ha reivindicado el rol central de las pasiones, como lo ha señalado recientemente José Carlos Bermejo (69), citando a Martha Nussbaum, quien dice que la filosofía europea *"concibió siempre a los seres humanos como seres pensantes. Los hombres piensan, hablan y están insertos en la realidad. Sus almas son transparentes y están iluminadas por la luz de la conciencia. Todo lo que altera el pensamiento debe ser considerado negativamente"* (70). Y por ello, las emociones y las pasiones disfrutaron de tan poco prestigio filosófico. Solo unos pocos filósofos como Hume, y luego Schopenhauer reconocieron la importancia del componente afectivo de la vida humana, luego reivindicado por Freud, dice Bermejo.

Ignacio Matte fue siempre un espíritu inquieto, y ya en sus primeros libros publicados en Chile en la década de los 50 se planteó preguntas de índole filosófica. Tal como es lo habitual en nuestro medio, la formación, especialmente en la Universidad Católica de Chile, era muy centrada en la escolástica, con un fuerte basamento en Aristóteles y Santo Tomás. Durante su estada inglesa, comenzó a profundizar en la lógica moderna, en especial en la lógica matemática como fueron desarrolladas en ese país por lord Bertrand Russel, Alfred Whitehead y Suzanne Langer. Al volver a Chile, mantuvo este interés, interactuando con filósofos y matemáticos conocedores de estos temas. De su período inglés tomó también el preguntarse por las bases del conocimiento, y en especial por el rol del espacio y del tiempo en éste. Desde el psicoanálisis conocía el rol central de las emociones en la motivación humana, y siguiento a Freud reconoció que el inconsciente era una instancia que no obedecía a la racionalidad clásica, tal como la sistematizara la lógica de Aristóteles. De allí, su distinción entre el pensamiento lógico y la lógica del inconsciente, denominada por él bilógica. Desde su práctica psiquiátrica con pacientes esquizofrénicos, Matte analizó cómo el pensamiento de estos casos tendía a no utilizar las categorías de la lógica clásica, como por ejemplo no usaban el principio del tercero excluido (*"no se puede ser y no ser a la vez"*). En términos freudianos, su funcionamiento yoico no usaba el *proceso secundario,* sino que el *primario.* Posteriormente amplió sus conceptualización diciendo que la lógica clásica era *asimétrica,* siguiendo las normas del pensamiento racional, pero que la lógica del inconsciente era *simétrica*, y que los esquizofrénicos compartían con la vida onírica hechos como la falta de especialidad o de temporalidad: se puede estar en varios lugares simultáneamente, o bien la secuencia antes-después se puede invertir simétricamente y lo que sucede después puede anteceder al evento focalizado. Esto coincide con los planteamientos de Hume, ya que subvierten la causalidad temporo-espacial que utilizamos racionalmente. La bilógica es para Matte la lógica de las emociones, y a diferencia de la secuencia lineal del razonamiento habitual se rige por otros modos de expresión, tales como la metáfora. En ese sentido, Matte explica el clásico *dictum* de Pascal de que *"el corazón tiene razones que razón no conoce"*. Matte en sus obras posteriores profundizó en la formalización lógico-matemática de este modo de pensar, diciendo que en realidad en el actuar consciente lo bilógico tiene cabida, sea en la *retórica*, sea en la *poesía*, que expresan metafóricamente la realidad. Así, el hombre culto usa una comunicación bi-modal, en la cual el proceso primario y secundario se dan interconectadamente.

Matte Blanco, en su primer libro publicado fuera de Chile en 1975, sobre *"El inconsciente como conjuntos infinitos"*, estudió detalladamente el funcionamiento del inconsciente como un sistema simetrizado. Partiendo de las características de éste descritas por Freud en su artículo central al respecto (71): *atemporalidad*, desplazamiento, condensación y ausencia de contradicción. Estas características se relacionan con la pérdida de la continuidad temporal y contigüidad espacial. Esa falta de secuencias temporales y espaciales, se ven en los sueños en que los hechos acaecidos en la niñez y lo sucedido el día anterior co-existen; lo mismo sucede en los cuadros postraumáticos, en los que el trauma infantil es reactivado en la psicopatología adulta, como hemos mostrado empíricamente en nuestros trabajos al respecto (72). En la *condensación* y en el *desplazamiento* las secuencias espaciales desaparecen pudiendo encontrarse el sujeto en lugares muy distantes al mismo tiempo, o varios individuos en el mismo nicho espacial. En el desplazamiento se colocan emociones o ideas en otros sujetos, que comparten alguna cualidad en común, los que son tratados por el inconsciente como idénticos. Se liga así el desplazamiento a otras defensas como la proyección, que permite preservar a un objeto desplazando sus cualidades temidas a un tercero (no se teme al padre sino al caballo, en el caso de Juanito).

La *ausencia de contradicción* la ejemplifica Freud con la co-existencia de deseos opuestos; afirma Matte que en lo más profundo del inconsciente no hay conflicto y que este emerge en la superficie cercana a lo consciente. Los deseos opuestos (amor y odio a la misma persona en la ambivalencia afectiva), se transforman por simetrización en idénticos y no contradictorios. En la superficie asimétrica predomina lo libidinal, cuando se quiere a alguien, o lo agresivo, si se le odia. La ausencia de contradicción es para Matte un caso particular de la *ausencia de negación* del inconsciente. En lógica clásica es otra forma del tercio excluso: Si A es igual a B, y B no es C, A no es B. Esto está pues a la base de la asimetría lógica: la posibilidad de que algo no sea. La negación es además necesaria para el sentido de realidad externa, lo que ya Freud señaló en 1925 (73): el distinguir entre el dentro y el fuera, entre el mundo interno y la externalidad es la línea divisoria entre neurosis y psicosis.

La asimetrizacion y el tercio excluido están a la base de otro elemento central en lógica clásica: las *jerarquías clasificatorias*. Para Matte la lógica simétrica va a los niveles más altos de abstracción. El poder así decir por ejemplo que "un bebé es alguien tocable, tal como lo es una piedra", es decir que un bebé es igual a todos los otros bebés, que un bebé es igual a todos los seres humanos, que todos los seres humanos son iguales a todos los objetos tocables, como lo son las piedras. En un razonamiento asimétrico, un bebé es diferente de todos los demás bebés, y diferente de los demás seres humanos, que son a su vez diferentes de los otros objetos tocables, que son distintos de las piedras. En aproximación bi-modal, ambas secuencias son parcialmente correctas. Para un psicótico, se puede estar vivo y muerto al mismo tiempo, siguiendo el mismo razonamiento, ya que tanto los vivos y los muertos son objetos tocables. Los estereotipos culturales pueden ser sujetos al mismo análisis: cuando se dice "todos los hombres son iguales" se está simetrizando en forma estereotipada al género masculino.

Un punto clave en la descripción de 1975 del funcionamiento inconsciente de Matte Blanco fue la definición de éste como conjuntos infinitos (*infinite sets*). Para ello partió de su observación de que tanto en los psicóticos como en los estados emocionales intensos es frecuente la confusión de la parte por el todo (*pars pro toto*). Por ejemplo, la ecuación simbólica pene=cuerpo=*self* ya había sido descrita por autores kleinianos tales como Hanna Segal. Una segunda característica destacada por Matte es la tendencia a maximizar las emociones en las manías o en la dramatización histérica, o aun en expresiones habituales como *"este país está loco"*. De estos hechos y desde la lógica matemática, Matte contestó la pregunta ¿Cuándo un subconjunto equivale a todo el conjunto?, diciendo "Cuando el conjunto es infinito". La definición matemática de infinito como un conjunto innumerable o incontable, corresponde a la experiencia psicológica de falta de límites en los pensamientos o de emociones inconmensurables. De ahí, la conexión con la atemporalidad y falta de especialidad del inconsciente freudiano. Con cuadros psicóticos (especialmente las manías), y en emociones profundas tales como el enamoramiento o el odio: la belleza de la mujer amada es infinita, el rencor hacia el enemigo triunfante ilimitado. Volvemos así a la clasificación de las pasiones en Hume, de formas violentas y calmadas. Para Matte las primeras serían más propias del inconsciente profundo en su falta de límites, las segundas de los sistemas preconsciente y consciente por ser controladas y manejables.

La simetrización puede ser manejada por el consciente en forma limitada, en forma de analogías o metáforas, ya que su falta de discriminación es más propia del inconsciente. El término madre, simetrizado, hace que pecho sea igual a alimento sea igual a madre sea igual a mujer: todas las mujeres son vistas como potencial fuente de gratificación oral. El limitar el concepto madre a "mi madre" es recortar el concepto simetrizado. La relación de esta tendencia a la generalización y abstracción del proceso primario inconsciente con otro mecanismo propio de este, la escisión (*splitting*) o disociación primitiva ha sido explicada por Elizabeth Bott Spillius como una asimetrización extrema: no se aceptan gradientes intermedias: lo bueno es infinitamente bueno, y lo malo totalmente malo. Rayner (op. cit., p. 64) dice que así se puede entender al *splitting* como una asimetría infinita.

Este punto de vista de Matte se liga a la tradición escolástica, sea árabe u occidental. Un tema filosófico central durante el Medievo fue el de los universales y la pregunta sobre si Dios conocía particulares. En la tradición árabe Averroes fue el defensor del alma común de la humanidad, a diferencia de Avicena, partidario de la existencia de almas individuales. Este último punto de vista primó en Occidente cristiano, al ser adoptado por Tomás de Aquino, polémica que surgió nuevamente en el psicoanálisis: Freud fue de la tesis de que el inconsciente y sus símbolos eran individuales e idiosincrásicos de cada sujeto, mientras que Jung abogó por un inconsciente colectivo, con símbolos universales para toda la humanidad.

Conclusiones. La visión de Ignacio Matte da un basamento lógico y filosófico a afirmaciones freudianas que parecen independientes de los sistemas referenciales epistemológicos. Matte buscó porfiadamente una conexión entre el psicoanálisis no solo freudiano sino kleiniano y su temprano interés por la filosofía. Llegó a crear puentes entre su inicial formación desde una metafísica realista, aristotélico-tomista, y el idealismo kantiano que inspiró a Freud. Esta conexión la encontró en la reivindicación del rol profundo de las emociones como motivadores humanos. Ha dicho Juan Cruz sobre el rol de las pasiones en la filosofía realista: *"Para Tomás de Aquino el hombre es un ser en búsqueda permanente: aspira, pretende, se mueve a la consecución de algo. De cada una de las capas de su ser brota una correspondiente tendencia. Ésta emite una respuesta, que ha de llamarse afectiva, ocasionada por la repercusión en ella de un agente, bueno o malo, externo al sujeto; el afecto es un acto o movimiento de la tendencia. Las respuestas afectivas fueron llamadas en general pasiones por los medioevales. La primera y más básica respuesta afectiva es el amor como orientación afirmativa de un sujeto hacia el objeto"* (74). Vemos acá como en la esencia del hombre se encuentra una relación afirmativa con su objeto de amor. Señala Cruz además que *"en el pensamiento moderno la pasión viene a ser un exceso emocional que absorbe en su manifestación casi todas las fuerzas psíqui-*

cas, perturbando el recorrido normal del pensamiento. En cambio, para un medieval el nombre de "pasión" viene del normal hecho de que el hombre (o el animal), cuando apetece una cosa, se siente atraído hacia ella, padece un influjo del objeto. Se trata de una respuesta psíquica a la presencia del objeto. En el caso de que la respuesta sea sensible se acompaña también de una especial modificación orgánica (respiración, movimientos del corazón, presión arterial, etc.), cosa que no ocurre necesariamente

CAPÍTULO 11
Otto Kernberg: Aplicaciones de la psicología del Yo y las teorías de relaciones de objeto

I. Introducción

Otto Kernberg es un autor nacido en Austria y formado como médico, psiquiatra y psicoanalista en Chile, que ha desarrollado mucho de su pensamiento en los Estados Unidos, desde donde ha adquirido renombre mundial. Kernberg, con su formación psiquiátrica en Chile adquirió la visión sistemática y categorial de la psiquiatría chilena. Asimismo, su entrenamiento psicoanalítico chileno le permitió conocer directamente los puntos de vista kleinianos, traídos acá por Ignacio Matte, el fundador del movimiento psicoanalítico en Chile. Su trabajo posterior en los Estados Unidos le permitió familiarizarse con la psiquiatría dinámica y con los puntos de vista de los psicólogos del Yo, predominantes en ese país. Esta variada formación ha hecho de Kernberg, en el decir de Mitchell y Block (75), un "sistematizador extraordinario". Ha sido así capaz de crear puentes entre la teoría pulsional clásica con el punto de vista de relaciones de objeto, como veremos en esta revisión. Entre los multiples aportes de Kernberg al psicoanálisis actual, revisaremos sucesivamente sus estudios clínicos sobre personalidades limítrofes ("borderline"), su teoría de psicopatología evolutiva, su entrevista estructural y las aplicaciones de estos conceptos a las relaciones amorosas y su patología.

II. Cuadros limítrofes

El otorgar categoría diagnóstica a estos cuadros dentro de los desórdenes de personalidad viene a validar el uso cada vez más amplio entre los clínicos del término limítrofe. Si bien el origen del concepto proviene de autores clásicos alemanes como Kahlbaum y el mismo Bleuler, quienes popularizaron el uso del término fueron los autores Hoch y Polatin, en la década del '50 en los EE.UU. Ellos describieron bajo el nombre de "esquizofrenia pseudo-neurótica" a pacientes con angustia flotante masiva *(pan-angustia)*, síntomas neuróticos de diversos tipos *(pan-neurosis)*, conductas sexuales de gran variedad *(pan-sexualidad)*, afecto rígido y poco modulado y micro-desórdenes del pensamiento, a veces sólo pesquisables mediante estudio psicométrico. Para estos autores, se trataba de formas transicionales entre las neurosis y las psicosis, pudiendo terminar en esquizofrenias con el correr del tiempo. Al dedicarse a estudiar estos cuadros en las décadas del '60 y '70, Kernberg insistió en una posición diferente: estos pacientes representan una configuración estable de personalidad que, bajo una aparente diversidad y fluctuación sintomatológica, utilizan defensas comunes y una similitud estructural. La evolución de estos cuadros es tórpida, con altibajos y tendencia a problemas en relación a su impulsividad, pero no hacia el deterioro social que presentan los esquizofrénicos. Los estudios de seguimiento han confirmado su afirmación de que el curso de esos pacientes es diferente al de las esquizofrenias. En un primer estudio, Hoch y Cattell (1962) encontraron que sólo el 10% de los pacientes diagnosticados como esquizofrenias pseudoneuróticos, de acuerdo a la descripción de Hoch y Polatin, evolucionaban hacia un cuadro esquizofrénico propiamente tal.

Estos hallazgos fueron confirmados por Carpenter, quien al seguir paralelamente a enfermos diagnosticados como limítrofes y otros como esquizofrénicos, encontró que los primeros no presentaban el deterioro progresivo en sus relaciones sociales que aparecía en los segundos. Gunderson y Singer encuentran como rasgos diferenciales propios de estos pacientes la impulsividad, la tendencia a gestos suicidas repetidos de tipo manipulativo, una afectividad con tendencia a la rabia y depresión fáciles, pero transitorias, experiencias psicóticas leves y una hipersociabilidad con relaciones cercanas alteradas.

Kernberg ha esquematizado los síntomas de estos pacientes señalando que presentan en lo descriptivo angustia crónica difusa y flotante, que no es controlada como de costumbre por rasgos de personalidad o por síntomas específicos; neurosis polisintomática (pan-neurosis), con síntomas de tipo fobias múltiples, obsesivo-compulsivos, conversivos múltiples, reacciones disociativas, hipocondriasis, tendencias paranoides o hipocondríacas. Aparecen además tendencias sexuales perverso-polimorfas, y formas prepsicóticas de estructuras de personalidad (personalidades paranoides, esquizoides, hipomaníacas y ciclotímicas). En estas formas de patología severa del carácter, hay erupciones crónicas y repetitivas de impulsos que gratifican necesidades que son egodistónicas. Surgen así distintos desórdenes episódicos, tales como el alcoholismo, la cleptomanía, la adicción a las drogas y ciertas formas de obesidad psicogénica. Éstos están conectados con los desórdenes caracterológicos de tipo impulsivo y con desviaciones sexuales episódicas egodistónicas.

Desde el punto de vista de la estructuración del aparato psicológico (Yo, Ello, y Super Yo), Kernberg ha clasificado las características de funcionamiento de estos pacientes describiendo manifestaciones inespecíficas de debilidad del Yo, tales como incapacidad de tolerar la angustia, falta de control impulsivo y falta de mecanismos sublimatorios. Los procesos de pensamiento se desvían al tipo proceso primario descrito por Freud: aunque en el examen mental estos pacientes pueden mostrar procesos del pensamiento sin alteraciones, en los tests psicométricos aparecen, de regla, fantasías primitivas, verbalizaciones insólitas y menor capacidad para adaptarse a la situación del test, como lo han mostrado Rapaport, Cill y Schaffer. Esto hace muy importante el estudios psicológico hecho por expertos, que se realiza para poder diagnosticar estas estructuras limítrofes. En estos estudios se ha constatado cómo utilizan operaciones defensivas específicas, tales corno la escisión (*splitting*) del Yo para separar aspectos internalizados buenos y malos. Además de este mecanismo el Yo recurre a otras operaciones defensivas para evitar la aparición de angustia en el sujeto, tales como: (1) la *idealización primitiva,* que se refiere a ver los objetos externos como totalmente buenos. El término primitivo se usa para enfatizar que no hay ninguna percepción (consciente o inconsciente) de la propia agresión proyectada en el objeto; las *formas tempranas de proyección* y especialmente identificación proyectiva: en estos enfermos hay un fuerte grado de proyección, que sirve para externalizar las imágenes internas malas. La consecuencia de estos mecanismos es que los objetos externos serán vistos como peligrosos y persecutorios; (2) la *negación:* su forma típica es la falta de reconocimiento de la coexistencia de dos áreas de la conciencia emocionalmente independientes; (3) la *omnipotencia y desvalorización:* los pacientes con estructura limítrofe fluctúan entre una relación idealizada con un objeto "mágico" que los protege, y luego fantasías y conductas que evidencian una sensación de omnipotencia mágica propias. En un nivel más profundo hay un control absoluto y despiadado del objeto idealizado, que es utilizado para manipular el medio ambiente y destruir enemigos potenciales. Se ligan, pues, a una fuerte convicción inconsciente de tener el derecho a ser gratificados y homenajeados por los demás y a ser tratados como personas especiales y privilegiadas. Un corolario de esta actitud es lo opuesto: el desvalorizar los objetos que ya no sirven para gratificar las necesidades propias, los cuales son descartados.

Las características anteriores son entendidas por Kernberg como patología de las relaciones de objeto internalizadas. El mecanismo de escisión, cuando opera constantemente, hace que las relaciones objetales se mantengan en un estado "no metabolizado", o sea, no integrado. Esto dificulta el proceso normal de despersonificación, abstracción e integración de las relaciones internalizadas de objeto, lo que se manifiesta como una incapacidad de integrar las introyecciones e identificaciones buenas y malas. Las consecuencias de estas separaciones mantenidas son múltiples: falla de la modulación normal de los estados afectivos del Yo, por lo que persiste una tendencia crónica a la aparición de afectos primitivos; falta de la disposición afectiva de experimentar culpa, depresión y preocupación por los demás; interferencias serias con la integración del Super Yo, que se mantiene con núcleos primitivos sádicos. Hay un Super Yo externalizado primitivo y peligroso.

Todo lo anterior hace que estos pacientes tengan escasa empatía por los demás e incapacidad de evaluar a otros realistamente. Vivencian a los demás como objetos distantes y sólo muy difícilmente se comunican en forma más profunda con ellos. Sus relaciones interpersonales son protectoramente superficiales. Si no consiguen mantener cierta distancia, entran en una relación alternante y caótica con los objetos, con idealización y desvalorización fluctuantes, con gran necesidad de controlarlos para que no se tornen perseguidores.

Los sentimientos de inferioridad vivenciados frecuentemente por estos pacientes representan, a menudo, una defensa que encubre rasgos narcisistas del carácter. La presencia de identificaciones parciales contradictorias hace que estos pacientes tengan una calidad camaleónica en sus relaciones y adaptación, que es lo que Erikson ha llamado "síndrome de difusión de identidad", o sea, una falta de autoimagen integrada así como un concepto estable de los objetos totales. Desde un punto de vista evolutivo genético, Kernberg ha sugerido que la patología limítrofe es la consecuencia de una falla evolutiva que ocurre después de la diferenciación entre sí mismo y objeto, pero antes de la de constancia de objeto. La falla específica en el desarrollo infantil se ha ubicado en lo que Mahler llama "fase de separación-individuación" que va de los seis meses a los tres años de vida. En este período, normalmente el niño se separa de la madre con lentitud: en la medida en que adquiere autonomía de ella puede verla como alguien bueno y malo a la vez. Esta relación puede alterarse, sea por excesiva distancia (madres ausentes) o por excesiva cercanía (madres controladoras), que no permiten que este proceso se desarrolle en forma expedita y, por lo tanto, hacen que el paciente, posteriormente, no desarrolle una imagen integrada de su madre.

El diagnóstico diferencial de estos cuadros debe hacerse con cuadros psicóticos y con desórdenes neuróticos y de personalidad de un nivel más alto. Kernberg ha propuesto para realizarlo una modalidad específica de entrevista estructural, que utiliza el grado de integración de la identidad, las operaciones defensivas predominantes y la prueba de realidad. Los neuróticos y los limítrofes comparten la delimitación adecuada entre las representaciones internas del *self* (sí mismo) y objeto, un funcionamiento defensivo que protege del conflicto intra psíquico, y un juicio de realidad preservado. Los neuróticos se diferencian de los limítrofes en que su identidad está mejor integrada y en el uso de defensas de tipo alto (represión, intelectualización, desplazamiento, etc.). Los limítrofes y los psicóticos se asemejan en la tendencia a utilizar defensas de tipo bajo, y en un grado de difusión de la identidad (que es menos coherente que en el neurótico). El psicótico se diferencia del limítrofe en la pérdida del juicio de realidad, la confusión entre *self* y objeto (que se evidencia en las alucinaciones) y en el uso de defensas para protegerse de la desintegración psíquica y de la fusión del *self* y el objeto.

III. El punto de vista evolutivo en Kernberg

Kernberg, tal como Jacobson y Mahler, visualiza al niño en sus primeros meses de vida oscilando entre estados anímicos placenteros y otros desagradables, dolorosos o frustrantes. En este vaivén no hay aún diferenciación entre uno mismo y los demás, entre el niño y su madre. Así, el bebé pasa de momentos en que se siente inmerso en un medio gratificador y placentero, a otros en que se siente atrapado en un ámbito doloroso y displacentero, que lo frustra y llena de tensiones.

La primera tarea evolutiva, es, pues para Kernberg la diferenciación entre uno mismo (*self*) y los otros: dicho más técnicamente, la separación de imágenes de *self* y las imágenes de objeto. Si esta diferenciación no se produce, no surge un sentido estable del *self* distinto y separado, y se funden las experiencias mentales de uno mismo con las de los demás. Este fracaso inicial sería el precursor de muchos estados psicóticos. Por ejemplo, síntomas esquizofrénicos tales como las alucinaciones, delirios y fragmentación psicótica derivan de esta falla fundamental para diferenciar las imágenes del *self* y de los objetos.

La segunda tarea evolutiva mayor es la superación de la escisión inicial de las imágenes de *self* y objeto que se separan en representaciones positivas y amorosas, buenas y gratificadoras de los objetos, de otras imágenes odiosas, malas y frustrantes de los mismos. Las primeras se mantienen ligadas por afectos positivos, libidinales, y las segundas por afectos negativos de tipo agresivo. Eventualmente el niño logra integrar ambos tipos de representaciones en "objetos totales", que son a la vez buenos y malos, gratificadores y frustrantes. Al mismo tiempo que se integran las imágenes opuestas de objeto, lo hacen las del *self*, que es vivenciado como bueno y malo, amante y rabioso a la vez. Esta integración permite concomitantemente unir disposiciones pulsionales básicas: al cambiarse disposiciones de afectos positivos y negativos, ni el amor ni el odio son excesivamente intensos. Cuando hay una falla en esta integración surge la patología *borderline*. El paciente limítrofe es capaz de separar bien las imágenes de sí mismo y de los demás, pero le cuesta integrar establemente sus representaciones de afectos positivos y negativos, así como los afectos correspondientes.

De este modo, Kernberg postula una ordenación evolutiva de la psicopatología, estableciendo sucesivos niveles. En un primer estrato están algunas variedades de psicosis conformadas por casos que no han completado la primera tarea evolutiva: la de establecer límites claros entre sí mismo y los demás. En un segundo estrato, estos diversos tipos de estructuras limítrofes, con pacientes incapaces de integrar emociones amorosas y destructivas en una relación postambivalente y compleja con los demás. El tercer nivel es el de las neurosis clásicas en el sentido freudiano, con el conflicto de tipo estructural, con límites intactos entre el *self* y el objeto e integración de imágenes positivas y negativas.

Los afectos libidinales y agresivos no existen, para Kernberg, desde el comienzo, sino que resultan de la consolidación de imágenes integradas del *self* y el objeto. Las experiencias sucesivas placenteras y sastisfactorias coalescen en una pulsión libidinal, buscadora de placer. Del mismo modo, la secuencia de experiencias negativas, displacenteras o insatisfactorias se consolida a través del tiempo en una pulsión destructiva o agresiva. El niño busca entonces el maximizar sus experiencias con objetos malos y deshacerse, alejarse o destruir a los objetos malos que le producen vivencias displacenteras. Las pulsiones primitivas, sean libidinales o agresivas, son sentidas por el niño como amenazadoras dada su intensidad inicial. El conflicto entre estas fuerzas se mantiene especialmente intenso en el tercer nivel de psicopatología de Kernberg, el de las neurosis clásicas freudianas.

En resumen, Kernberg ha sido capaz de integrar la teoría pulsional con la de relaciones de objeto, a través de un sistema complejo que en el plano evolutivo elabora y complementa los aportes de Edith Jacobson. Para él, si bien las pulsiones tienen una fundación hereditaria o genética, son determinadas en forma muy importante por las experiencias del niño con su madre y otros objetos tempranos. La psicopatología surgirá de diversas vicisitudes de este equilibrio personal inicial.

IV. La entrevista estructural

La metodología propuesta por Kernberg para diagnosticar clínicamente los diversos niveles de organización de la personalidad es su *entrevista estructural*. Para él, la aproximación psiquiátrica descriptiva acostumbrada, centrada en los síntomas y en la conducta habitual es valiosa especialmente en los trastornos afectivos importantes y en la esquizofrenia, pero no es lo suficientemente precisa cuando se aplica a los trastornos de la personalidad. Para esto último, es necesaria una comprensión de las características estructurales intrapsíquicas de los pacientes. Estas características tienen importantes implicaciones pronósticas y terapéuticas. En especial, la calidad de las relaciones de objeto y el grado de integración del Super Yo son criterios que permiten predecir la respuesta de estos pacientes en psicoterapia intensiva. En un estudio realizado en la Fundación Menninger, Kernberg encontró que los pacientes no psicóticos con debilidad del Yo respondían bien a las modalidades expresivas de la psicoterapia, pero mal al psicoanálisis no modificado y a la psicoterapia de apoyo.

Para Kernberg, las estructuras de personalidad son configuraciones relativamente estables de los procesos mentales; Super Yo, Yo y Ello son estructuras que dinámicamente integran subestructuras, como por ejemplo las configuraciones cognitivas y defensivas del Yo. La entrevista propuesta representa un giro de la entrevista psiquiátrica tradicional, que es una entrevista médica adaptada para pacientes orgánicos y psicóticos. Acá se agrega el punto de vista psicoanalítico y se gira hacia la interacción paciente-entrevistador. Este enfoque establece un lazo entre la estructura del paciente y la indicación para tratamiento psicoterapéutico. También permite establecer las resistencias iniciales en el tratamiento. En resumen, la entrevista estructural destaca las características estructurales de los tres principales tipos de organización de personalidad, centrándose en los síntomas, conflictos o dificultades que presenta el paciente, y en los modos particulares en los que refleja la interacción en el aquí y ahora con el entrevistador. Esta entrevista combina el examen tradicional del examen mental con una entrevista psicoanalíticamente orientada que se centra en la interacción paciente-terapeuta y en la clarificación, interpretación de los conflictos de identidad, mecanismos defensivos y distorsión de la realidad, que el paciente revela en esta interacción. La *clarificación* es definida por Kernberg como un medio cognitivo, no desafiante para explorar los límites de conciencia de cierto material por parte del paciente. La *confrontación* trata de resolver la naturaleza conflictiva del material, al asumir motivos y defensas inconscientes subyacentes que hacen que aparezca lógico lo que era contradictorio. La *interpretación de la transferencia* aplica todas estas modalidades de técnica a la interacción en curso entre el paciente y el diagnosticador. Los tres niveles de organización de la personalidad aludidos antes se resumen en la Tabla 11.1.

En cuanto a la aplicación práctica de esta modalidad de entrevista, Kernberg sugiere que los clínicos de menor experiencia, como residentes de psiquiatría en proceso de entrenamiento, debieran comenzar aplicando una historia psiquiátrica estándar, que posibilita diagnosticar rápidamente la psicopatología obvia, psicótica y orgánica. Este enfoque tradicional disminuye además la ansiedad inicial del paciente al ajustarse a las expectativas ordinarias de la interacción médico-paciente. Cuanto menos tiempo tenga el entrevistador para una evaluación completa del paciente,

TABLA 11.1. Criterios estructurales de diferenciación entre niveles neurótico, limítrofee y psicótico según Otto Kernberg.

Criterios estructurales	Neurótico	Limítrofe	Psicótico
Integración de la identidad	Representaciones del sí mismo y de los objetos precisamente delimitados.		
		Difusión de identidad: aspectos contradictorios del sí mismo y de los demás pobremente integrados y mantenidos aparte.	
	Imágenes integradas: imágenes contradictorias del sí mismo y de los demás integradas en concepciones comprensivas.		Las representaciones del sí mismo y de los objetos están delimitadas pobremente, o de otro modo, hay una identidad delirante.
Operaciones defensivas	Represión y defensas de alto nivel: formación reactiva, aislamiento, anulación, racionalización, intelectualización.	Defensas principalmente de bajo nivel: escisión, idealización primitiva, identificación proyectiva, negación, omnipotencia, devaluación.	
	Las defensas protegen al paciente del conflicto psíquico. La interpretación mejora el funcionamiento.		Las defensas protegen al paciente de la desintegración y de la fusión sí mismo/objeto.
Prueba de realidad	La capacidad de prueba de realidad se preserva: diferenciación del sí mismo del no-sí mismo, lo intrapsíquico de los orígenes externos de las percepciones y estímulos.		
		Ocurren alteraciones en relación con la realidad y en los sentimientos de realidad.	
	Existe capacidad para evaluar al sí mismo y a los demás en forma realista y con profundidad.		La capacidad de prueba de realidad se pierde.

mayor es la ventaja de comenzar con una entrevista habitual. Por otra parte, mientras más tiempo disponible, más experiencia del entrevistador, y más centrado esté el diagnóstico diferencial entre las fronteras de la estructura limítrofe y neurótica, o limítrofe y psicótica, más útil será comenzar con una entrevista estructural. En la entrevista estructural, el entrevistador comienza por pedir al paciente un breve resumen de sus razones para venir al tratamiento, sus expectativas de éste y la naturaleza de sus síntomas, problemas o dificultades predominantes. El interrogatorio inicial es seguido por una búsqueda sistemática explorando un ciclo de "síntomas de anclaje". Terminada esta exploración, el entrevistador se centra en los síntomas significativos que hayan surgido en el curso de la misma, explorándolos según aparezcan en la interacción del aquí y ahora de la entrevista, seguidos de clarificación, confrontación e interpretación tentativa, con una cuidadosa atención a las reacciones del paciente a estas intervenciones. La capacidad del paciente para empatizar con el interrogatorio del entrevistador, para clarificar los temas referentes a su identidad del Yo, relaciones objetales, prueba de realidad y configuraciones defensa-impulso, da una indicación de su capacidad para la introspección. Estas respuestas son esenciales para diferenciar las estructuras neurótica, limítrofe y psicótica. Un rasgo importante del modelo de entrevista propuesto por Kernberg es su naturaleza cíclica: el centrarse en los síntomas de anclaje localizados en un círculo hace posible recorrer el perímetro de éste varias veces, yendo de un síntoma cardinal al siguiente, regresando con el tiempo al punto de partida y reiniciando un nuevo ciclo de interrogatorio. Kernberg ha ilustrado detalladamente (76) cómo proceder en relación a cada uno de los niveles de organización de personalidad antes descrito. La validación de su metodología ha sido llevada a cabo por un equipo de colaboradores en la Universidad de Cornell, quienes han desarrollado además un *Inventario de Organización de Personalidad,* cuestionario de 150 ítemes que tiene una adecuada correlación estadística con otros instrumentos de medición de trastornos de personalidad.

V. Relaciones amorosas y su patología

Kernberg ha aplicado el modelo anterior a temas relacionados con las relaciones amorosas y agresivas, y la patología de ambas. Por razones de espacio, acá nos limitaremos a revisar la secuencia descrita por este autor en el desarrollo de la capacidad de amar. Esta evoluciona desde individuos incapaces de establecer relaciones amorosas, en los que prima un narcisismo inicial y que no tienen experiencias de enamoramiento. En este caso, en el que no existen límites claros entre *self* y objeto, el sujeto usa a su pareja, sea en el plano sexual, sea en el de la relación interpersonal. O bien, evita absolutamente el acercamiento al otro sexo para no sentir una vivencia amenazadora de fusión del objeto, que es visto como dispuesto a "tragárselo" y hacerle perder la propia sensación de identidad. Estos individuos renuncian a cualquier personalización de sus relaciones con el otro sexo, al funcionar en un nivel muy primitivo de relación.

En un nivel limítrofe de integración la incapacidad de unir los aspectos positivos y negativos de la relación se traduce clínicamente en alianzas inestables, sea en el sentido de no integrar los aspectos sexuales con los tiernos y cariñosos de la relación, o bien de oscilar entre momentos de idealización y momentos de desvalorización de la pareja. Lo anterior hace que en estos pacientes sean especialmente frecuentes diversas perversiones sexuales, particularmente las conductas sadomasoquistas.

En un tercer nivel, neurótico, las relaciones de pareja son entendidas como configuraciones de conflictos clásicos entre impulsos y defensas. Esto sucede en pacientes que tienen estructuras en las que se ha diferenciado *self* y objeto, e integrado representaciones positivas y negativas, pudiendo relacionarse con los demás como estructuras unitarias que se ligan a objetos totales.

Kernberg, por lo tanto, mantiene la visión freudiana de las neurosis y del rol de la sexualidad en ellas, pero amplía la comprensión de estos problemas, viendo al impulso sexual como un resultado, más que la causa de procesos precoces de diferenciación e integración de la personalidad. Estos procesos son producto de la calidad de las relaciones que el niño establece en su desarrollo inicial. Mantiene así Kernberg –a diferencia de Kohut– un rol central para la polaridad amor-agresión, que se puede ligar al conflicto básico freudiano entre Eros y Tánatos.

EPÍLOGO

Al finalizar esta revisión, necesariamente sumaria, del desarrollo de las teorías freudianas y sus derivados de éstas, podemos constatar que la mantención de la vigencia del psicoanálisis a lo largo de nuestro siglo se ha hecho en base a la adaptación y ajuste de éste a desarrollos tanto teóricos como técnicos, propios de la época. El pensamiento freudiano se ha modernizado, pasando desde sus bases positivistas y biológicas, enraizadas en el pensamiento del siglo XIX, a un enfoque historicista, narrativo y hermenéutico, que permite su vigencia en el mundo de hoy.

El psicoanálisis existe como una narrativa y como un diálogo. Schaffer (77) ha señalado cómo toda acción es narrada por alguien, y que cada narrativa es sólo una versión de la acción en cuestión. Las descripciones alternativas son, por ello, inevitables. Subrayemos que las narrativas, explicadas así, no son alternativas a la verdad o realidad de un evento. Son, más bien, el vehículo inevitable para presentar la verdad o la realidad de éste. El psicoanálisis es conducido como un diálogo entre analizado y analista. Tanto las interpretaciones como los silencios de este último son comunicaciones que hacen sentido para el primero, formando parte de los fenómenos transferenciales, que constituyen el motor del proceso analítico. En este diálogo, el analizado hace una narrativa de sus acciones, que a su vez son narradas interpretativamente por el analista. Esta construcción y reconstrucción de la experiencia vital del analizado lleva lentamente a la mejoría, a través de un *insight* progresivo respecto a sus conductas. En este sentido, todo análisis es una vida narrada y vuelta a narrar, construida y reconstruida por el diálogo analítico.

En el plano filosófico tuvieron influencia en Freud el pensamiento vitalista de Schopenhauer y las teorías de Nietzsche. Este papel ha sido estudiado por Jacinto Choza (78). Freud nunca se consideró a sí mismo un médico en el sentido más habitual de la palabra, sino un investigador primero, y un teórico luego. Si bien en períodos avanzados de su vida mostró distancia y un desinterés por la filosofía, la estudió a lo largo de su formación universitaria, y en el hecho terminó formulando un sistema "metapsicológico" que trascendía a la psicología, haciendo por lo tanto "metafísica" de los problemas mentales. Para corroborar esta afirmación, citemos al propio Freud, escribiéndole a su amigo Fliess en 1896: "Cuando era joven, la única cosa que anhelaba era el conocimiento filosófico, y ahora que estoy pasando de la medicina a la psicología, voy camino de alcanzarlo. He llegado a ser terapeuta en contra de mi voluntad" (79).

El pensamiento freudiano se inserta en la tradición de dos grandes filósofos del siglo XIX: Schopenhauer y Nietzsche. El antropólogo Ernest Cassirer señala que *"Freud vivió dentro de la atmósfera de la filosofía alemana del siglo XIX. Lo que en ella encontró fueron dos concepciones de la naturaleza humana y de la cultura diametralmente opuestas entre sí. Una estaba representada por Hegel, otra por Schopenhauer. Hegel había descrito el proceso histórico como un proceso racional y consciente, pero a Schopenhauer esta visión racionalista y optimista de la naturaleza humana le parecía no solamente absurda sino nefasta. El mundo no es un producto de la razón. Es irracional en su esencia misma y su principio es el fruto de una voluntad ciega, que lo ha creado y lo usa como un instrumento para sus propios fines. El poder de la voluntad –el verdadero principio del mundo– aparece claro e inconfundiblemente en nuestro instinto sexual"* (80). Agrega Cassirer: "La filosofía de Schopenhauer constituye el fondo metafísico general, y en cierto sentido el núcleo de la teoría de Freud". Freud mismo reconoció abiertamente que Schopenhauer estaba entre sus predecesores: "Hay filósofos famosos a los que podemos citar como precursores: ante todo, el gran pensador Schopenhauer, cuya 'Voluntad' inconsciente es equivalente a los instintos mentales del psicoanálisis. Además, ese mismo pensador fue el que con palabras de expresividad inolvidable advirtió a la humanidad la importancia, todavía tan subestimada por ella, de su deseo sexual. La única ventaja del psicoanálisis es que no ha afirmado estas dos proposiciones que son tan inquietantes para el narcisismo –la importancia psíquica de la sexualidad y el carácter inconsciente de la vida mental– a partir de una base abstracta, sino que las ha demostrado en cuestiones que afectan personalmente a todos los individuos y les fuerza a adoptar alguna actitud hacia esos problemas. Sin embargo, precisamente por eso se granjea la aversión y las resistencias que todavía hacen que se adopte una actitud de temor reverente ante el nombre de este filósofo" (81).

Las teorías freudianas partieron de una práctica clínica con enfermos neuróticos. En la medida que transcurrió el tiempo, se ampliaron a una cosmovisión que rehusó reconocer su basamento filosófico antes aludido en doctrinas vitalistas y racionalistas en boga entonces a ultranza. Freud, siempre preocupado de que se reconociera la originalidad de su aporte, no quiso profundizar en el conocimiento de filósofos como Nietzsche, que plantearon muchas ideas cercanas a las suyas. Asimismo, su concepto de inconsciente había sido enunciado y elaborado previamente por filósofos alemanes como Leibniz o anglosajones como Hume. Freud prefirió desarrollar su ciencia *de novo*, y darle una base empírica propia, a partir de sus estudios clínicos. Lo anterior no quita que, en definitiva, el psicoanálisis no constituya una antropología al referirse a muchos de los temas que han ocupado a los estudiosos de la naturaleza humana: la conciencia, la libertad, el lenguaje, la afectividad, son temas que fueron estudiados psicoanalíticamente, creándose sólo posteriormente puentes con la psicología académica y con la filosofía, preocupadas desde antiguo por estas temáticas. Este desinterés, metodológicamente buscado por Freud –quien prefirió no pedir prestados marcos referenciales, sino crear una base conceptual propia–, no impide reconocer hoy día que el psicoanálisis forma parte de la historia de las ideas, y que algunos de sus elementos centrales provienen de la línea de pensamiento propia del idealismo alemán. Freud, dice Schaffer, "fue un hijo del Siglo de las Luces. Así entendido, él trató de dar una explicación racionalista, empirista y objetivista del método por él descubierto. Fue Freud un intelectual del siglo XIX, y presentó sus hallazgos y conclusiones utilizando los axiomas aceptados y las convenciones del discurso de las ciencias naturales de su época. Para ello, utilizó extensamente los contenidos de la psicología, antropología, filosofía, arqueología y filología contemporáneas". Una de las características de aquel discurso decimonónico, prosigue este autor, fue el considerar "irreflexivamente al lenguaje como un medio transparente de comunicación. Freud, por ello, no consideró que el lenguaje que él usó para informar acerca de su trabajo era el producto de una evolución lingüística que en ese momento expresaba los intereses de la burguesía centro-europea a la cual servía. Hoy reconocemos la necesidad de comprender todo lenguaje en un contexto social, y verlo entonces como una variable y no una constante, como una red cultural más que como un modo universal de intercambio".

Se puede afirmar que, si seguimos las fases del crecimiento del movimiento psicoanalítico, presenciamos las etapas del crecimiento de un grupo organizado, que parte del desarrollo de un pensamiento teórico original, que posteriormente es organizado e institucionalizado. Este hecho, criticado como el "monopolio y burocratización por parte de la Asociación Psicoanalítica Internacional (API)", fue desafiado posteriormente por grupos que se rebelaron, sea alrededor de conceptos teóricos, como sucede con los autores kleinianos, o de objeciones metodológicas, como en el caso de Lacan. La relectura de Freud por Lacan, y su ruptura con la API después del por él denominado "Edicto de Estocolmo", hacen que aparezca un nuevo movimiento, la Escuela Freudiana de París y las diversas corrientes del Campo Freudiano, que de algún modo representan una reforma ideológica que intenta retornar al Freud original.

El destino del análisis pudiera también considerarse desde el ángulo de la teoría de familia: algunas familias, tales como la propia de Freud, se han mantenido ligadas al desarrollo del psicoanálisis. La conexión más obvia es la existente entre Freud y su hija Anna. Sin embargo, en la reforma lacaniana surge una situación semejante, al quedar como albacea y heredero intelectual de la obra de Lacan su yerno, J.A. Miller. La corriente milleriana ha institucionalizado y creado un sistema de formación y desarrollo del lacanismo no muy diferente del sistema de la API, inicialmente tan criticado por ellos. Tal como señaláramos inicialmente, el estudiar y tratar situaciones familiares desde el punto de vista terapéutico no ha eliminado la tendencia, dentro de los círculos analíticos a competencias inter e intrafamiliares. En ese último terreno recordemos que la principal aliada en la lucha de Edward Glover para desterrar la corriente kleiniana de la Asociacion Británica en la década de 1940 fue una hija de la propia Melanie Klein: Melitta Schmideberg.

En resumen, la historia del psicoanálisis es no sólo la historia de las ideas analíticas, de sus variaciones técnicas y conceptuales desde la aparición, a la vuelta de nuestra centuria, de *La interpretación de los sueños.* Es también la historia de las personas y de las familias que promovieron estas ideas, tanto desde un punto de vista teórico como desde la organización del movimiento analítico cual sistema organizado de formación y de comunicación científica. Asimismo, la historia de nuestro siglo ha influido decisivamente a través de hechos tales como la diáspora de analistas desde los países que originaron el movimiento (Austria, Hungría y Alemania) hacia Gran Bretaña y las Américas durante el período del ascenso del Tercer Reich, y de las persecuciones contra los judíos. Recordemos que las obras de Freud fueron quemadas por los nazis en Alemania en 1938 y que todas sus hermanas murieron en campos de concentración.

Una visión actual del psicoanálisis debe centrarse en su naturaleza dialógica. La práctica psicoanalítica se da en una intersubjetividad: en un diálogo entre analizado y analista, entre estudiante y profesor del psicoanálisis, y entre colegas analistas. Como en toda historia de las ideas, el progreso en el análisis debe darse en un continuo diálogo. Más que teorías y escuelas cerradas, es importante, así, abrirse a la verdad que cada una de ellas contiene, y a los comunes denominadores entre todos los puntos de vista analíticos. Este libro pretende contribuir al diálogo continuo que comenzó con Freud y que ha proseguido hasta el día de hoy.

REFERENCIAS ACTUALIZADAS

(1)   RAPAPORT, D., *The Structure of Psychoanalytic Theory. A system-atizing Attempt*, Psychological Issues, International Universities Press, Nueva York, 1960.

(2)   FLORENZANO, R., *Principios de psicoterapias dinámicas*, Editorial Universitaria, Santiago, 1984.

(3)   JIMÉNEZ JP., FLORENZANO R., BUGUÑÁ C., *Educación Superior en Salud Mental: Formación en Psicoterapia*, Corporación de Promoción Universitaria, Santiago de Chile, 1993.

(4)   BLEICHMAR, N.M. Y BLEICHMAR, CL., *El Psicoanálisis después de Freud: Teoría y clínica*, Eleia Editores, México, D.F.,1989.

(5)   ETCHEGOYEN, H., *Los fundamentos de la técnica psicoanalítica*, Amorrortu Editores, Buenos Aires, 1988.

(6)   THOMÄ, H. y KAECHELE, H., *Psychoanalytic Practice*, Springer Verlag, Berlín, 1985.

(7)   QUINODOZ, JM. *Reading Freud*. Routledge, Londres 2004.

(8)   RIEFF, P., FREUD, *The Mind of a Moralist*, Chicago, University of Chicago Press, 1979.

(9)   GILMAN, S.L., *Freud, Race and Gender*, Princeton University Press, Nueva Jersey, 1993.

(10)   COHEN LEÓN, Ref. *Proyecto*.

(11)   JANIK A. y TOULMIN S. *La Viena de Wittgenstein*. Taurus, Madrid 1998

(12)   DE CASTRO, P., *Introducción a la psicología de Carl Gustav Jung*, Ediciones Universidad Católica de Chile, Santiago de Chile, 1993.

(13)   ESTAY R., C.G. Jung, Introducción a su obra, su tiempo y sus principales contribuciones, *Revista Chilena de Neuropsiquiatría*, 32: 295-303,1994.

(14)   DAVIS, O.A., "Freud, Jung and Psychoanalysis: Oedipus redi-

vivus", *Psychoanalytic Psychology*, 7: 185-209,1990.

(15) CAROTENUTO, A.,A *Secret Simmetry, Sabina Spielrein between Jung and Freud*, Pantheon Books, Nueva York, 1982.

(16) SAMUELS, A., *Jung and the Post Junguians*, Routledge and Kegan, Londres, 1985.

(17) KIRSCH, T.B., A Brief History of Analytic Psychology, *Psychoanalytic Review*, 83: 569-577, 1996.

(18) RAPAPORT, D., *The Structure of Psychoanalytic Theory*, International Universities Press, Nueva York, 1960.

(19) RICOEUR P. *El conflicto de las interpretaciones*, La Aurora,1975. Buenos Aires.

(20) JORGE PEÑA VIAL, *Jung*, Mimeografiado, Universidad de los Andes, 1994.

(21) H. Orgler, *Alfred Adler et son Oeuvre*, Stock, Paris, 1955.

(22) MARCUS, S., *Freud and the culture of Psychoanalisis*, W.W. Norton, New York, 1984.

(23) LEWIS WAY, *Comprendre Alfred Adler*, Privat, Toulouse, 1973.

(24) FAGET, J.B., *Historie de la Psychanalyse Aprez Freud*, Privat, Toulouse, 1976.

(25) FREUD, ANNA, *El Yo y los mecanismos de defensa*, Buenos Aires, Paidós, 1962.

(26) HARTMANN, HEINZ, *Psicología del yo y el problema de la adaptación*, Ediciones Cesarmann, México, 1966.

(27) HARTMANN, HEINZ, *Ensayos sobre la Psicología del Yo*, Fondo de Cultura Económica, México, 1966.

(28) JACOBSON, EDITH, *El self y el mundo objetal*, Buenos Aires, Alfa, 1969.

(29) ERIKSON, E.H., *Childhood and Society*, New York, W.H. Norton, 1964.

(30) ERIKSON, E.H., *Identity and the Life Cicle*, International Universities Press, New York, 1959.

(31) SEGAL, H., *Introduction to the Work of Melanie Klein*, Londres, Hogarth Press, 1975.

(32) MELTZER, D., *El proceso psicoanalítico*, Buenos Aires, Paidós,

1968.

(33) BICK, E., The Experience of Skin in early object relations, *Internat. J. Psychoanal.*, 49: 484-486, 1968.

(34) MELTZER, D., The Kleinian Expansion of the Freud's Metapsychology, *International J. of Psychoanalysis*, 62: 177-185, 1981.

(35) ROSENFELD, H., *Psychotic States*, Nueva York International Universities Press, 1965.

(36) ROSENFELD, H., "On the Psychopathology of Narcissismn: A Clinical Approach", *Internat. J. Psychoanal.* 45: 332-337, 1964.

(37) GRINBERG, L., *Culpa y depresión: Un estudio psicoanalítico*, Paidós, Buenos Aires, 1971.

(38) ETCHEGOYEN, H., *Los fundamentos de la técnica psicoanalítica*, Amorrortu, Buenos Aires, 1988.

(39) WALLERSTEIN, R., *Psychotherapy and Psychoanalysis. Theory, Practice*, Research International Universities Press, Nueva York, 1975.

(40) FAIRBAIRN, W.R.D., *Estudio psicoanalítico de la personalidad*, Buenos Aires, Hormé, 1962.

(41) WINNICOTT, D.W., "La agresión en conexión con el Desarrollo Emocional" (1950), en *Escritos de Pediatría y Psicoanálisis*, pp. 203-299, Barcelona, IAIA, 1979.

(42) WINNICOTT, D.W., "Desarrollo Emocional Primitivo" (1945), en *Escritos de Pediatría y Psicoanálisis*, pp. 203 299. Barcelona, IAIA, 1979.

(43) WINNICOTT, D.W., "La Mente y su Relación con el Psiquesoma" (1945), en *Escritos de Pediatría y Psicoanálisis*, pp. 331-346, Barcelona, IAIA, 1979.

(44) WINNICOTT D.W., *The Maturational Process and the Facilitating Environment*, Londres, The Hogarth Press, 1965.

(45) WINNICOTT, D.W., "Aspectos Metapsicológicos y Clínicos de la regresión dentro del marco Psicoanalítico" (1954), en *Escritos de Pediatría y Psicoanálisis*, pp. 203-299, Barcelona, IAIA, 1979.

(46) KOHUT, H., *The Analysis of the Self*, Nueva York, International

Universities Press, 1971.

(47)   KOHUT, H., *The Restoration of the Self*, International Universities Press, 1977.

(48)   WOLF, E., *Treating the Self: Elements of Clinical Self Psychology*, The Guilford Press, Nueva York, 1988.

(49)   STONE, M., Borderline Disorders, *Psychiatric Clin. North Am.*, 4: 1 (April1981), Sanders, New York.

(50)   MASTERSON, J.F., *The Narcissistic and Borderline Disorders*, Brunner/Mazel, New York, 1981.

(51)   ROJAS, E., *El hombre light*, Madrid, Ediciones Tiempos de Hoy, 1992.

(52)   KOHUT, H. y WOLF, E., "The disorders of the self and their treatment: an outline", *Int. J. Psychoan.*, 59: 413, 427,1978.

(53)   LACAN, J., *The Seminars of Jacques Lacan, I. Freuds papers on Technique.* 1953-1954, Jacques-Allain Miller, Ed., New York, Norton, 1988.

(54)   LACAN, J., *The Seminars of Jacques Lacan, II. The Ego in Freuds Theory and in the technique of psychoanalysis.* 1954-1955, Jacques-Allain Miller, Ed., New York, Norton, 1988.

(55)   MITCHELL, S., y BLACK, M.J., *Freud and Beyond: A history of modern Psychoanalytic Thought.* Basic Books, Nueva York, 1995.

(56)   RUDINESCO, E., Lacan, Fondo de Cultura Económica, Buenos Aires, 1994.

(57)   MATTE BLANCO, IGNACIO, *Lo psíquico y la naturaleza humana: Hacia un planteamiento experimental*, Ediciones de la Universidad de Chile, Santiago de Chile, 1954.

(58)   MATTE BLANCO, I., *Estudios de psicología dinámica*, Ediciones de la Universidad de Chile, 1955.

(59)   MATTE BLANCO, I. *The Unconscious as Infinite sets.* Londres, Duckworth, 1975

(60)   MATTE BLANCO, I. *Thinking, Feeling and Being.* Londres, Routledge, 1988.

(61)   RAYNER E. *Unconscious Logics: An Introduction to Matte Blanco´s Bilogic and Its Uses.* Routledge, Londres, 1995.

(62) JORDAN JF. "Inner space and the interior of the maternal body". *International Review of Psychoanalysis*, 17: 433-444, 1990.

(63) MATTE BLANCO, I. "The Place of Psychiatry and mental health in medicine and in the medical curriculum". En: World Health Organization Public Health Papers # 9: Teaching of Psychiatry and Mental Health. WHO, Ginebra, 1961.

(64) HARING, CHRISTIAN; FLORENZANO RAMÓN; FASANI ROBERTO; SALAS PAULA; MATTA, FRANCISCO y RUIZ TAGLE, AMPARO. "Psiquiatría de Enlace e interconsultoría psiquiátrica en un Hospital General: 25 años después". *Rev. Psiq. Clin.* 2006, 43 (1): 14-21.

(65) DAVANZO H. "A method of teaching psychotherapy to medical students". *J. Med Education*, 1965; 40 (8): 758-789.

(66) FLORENZANO, R., R. ALTUZARRA, C. CARVAJAL, K. WEIL, A. DÖRR, C. FULLERTON, B. GOTTLIEB, H. BAEZA, L. RAMÍREZ, P. BARCOS, X. CERDA y R. DONOSO. "Mejorando la calidad de la enseñanza de entrevista clínica: evaluación de una intervención en estudiantes de medicina". *Rev. Med. Chile* 128 (2000), 294-300.

(67) ARRUÉ, O., "Orígenes e Identidad del Movimiento Analítico Chileno", en Coloma, J. y Jordán, J.F., *40 Años de Psicoanálisis en Chile*, Ananke, Santiago de Chile, 1989.

(68) DAVID HUME. "A Treatise of Human Nature" (1738). Ed. By D. F. Norton y M. J. Norton. Oxford University Press, 2000.

(69) BERMEJO JC. "Psiquiatría y lenguaje: Filosofía e Historia de la enfermedad mental". *Rev. Chil. Neuro-psiquiat.* 2007, 45 (3): 193-210.

(70) NUSSBAUM M. "Upheavals of thought: The Intelligence of Emotions". Cambridge University Press, Cambridge, 2001.

(71) FREUD, S. *The Unconscious.* Standard Edition, Vol. 14, Londres Hogarth Press, 1914.

(72) FLORENZANO RAMÓN; GONZÁLEZ I.; ERRÁZURIZ PAULA; VENTURA RAUL; GIBBONS ALLISTER; BLUMEL BERNARDITA; MUÑIZ CAROLINA; MARTY CAROLINA; WEIL KRISTINA y CARVAJAL CÉSAR. "Percepción de Funcionalidad Familiar y Trauma-Infan-

to Juvenil: Un estudio cualitativo". *Revista de Psicología de la Universidad de Chile*, 14 (2):81-94, 2005.

(73)   FREUD, S. *Negation*. Standard Edition, Vol. 19, Londres Hogarth Press, 1925.

(74)   JUAN CRUZ CRUZ. "El Extasis de la Intimidad". *Ontología del Amor Humano en Tomas de Aquino*. Rialp, Madrid, 1999.

(75)   MITCHELL, S.A. y BLOCK, M.J., *Freud and Beyond: A History of Modern Psychoanalytic Thought*, Basic Books, Nueva York, 1995.

(76)   KERNBERG, O., "Trastornos graves del carácter: Estrategia psicoterapéutica", *El Manual Moderno*, México, D.F., 1987.

(77)   SCHAFFER, R., *Retelling a Life: Narration and Dialogue en Psychoanalysis*, Basic Books, Nueva York, 1992.

(78)   CHOZA, J, *Conciencia y afectividad: Aristóteles, Nietzsche, Freud*, Ediciones EUNSA, Navarra, 1978.

(79)   JONES, E.,*The Life and Work of Sigmund Freud*, Vol. II, Basic Books, Nueva York, 1953.

(80)   CASSIRER, ERNEST, "El mito del Estado", Fondo de Cultura Económica, México, 1968.

(81)   FREUD, S., "A Difficulty in the path of Psychoanalysis", pp. 143-44, *Collected Papers*, Hogarth Press, Londres, 1948.